중학생의 **한자는** 다르다

중학생의

한자는
다르다

권승호 지음

공부 무기가 되는 단어 유추의 힘!

블루
무스

한자를 공부하는
중학생이 살아남는다

공부가 어려운 이유는 어휘력 부족 때문이고 어휘력 부족은 어휘 공부에 시간을 투자하지 않기 때문이다. 교과서에 나오는 어휘 대부분이 한자어임에도 한자로 익히지 않기 때문이기도 하다. 한자를 활용하여 어휘를 이해해야 하는데.

중학생에게 교과서에 나오는 단어의 의미를 물으면 상당수가 대답하지 못한다. 실생활에서 만나는 어휘의 의미조차 제대로 아는 경우가 드물다. 영어, 사회, 과학에 이르기까지 각 과목 교사들은 "요즘 학생들, 왜 그렇게 어휘력이 부족하지요?"라는 이야기를 자주 한다. 글을 읽기는 하되 의미를 모른 채 읽기만 하는 학생이 너무 많다. 국어사전을 펼치지 않고 한자사전은 더더욱 펼치지 않는다.

기본이 중요하다. 기본을 갖추지 않으면 시루에 물 붓는 것처럼 쌓이는 것이 없고 모래 위에 집을 짓는 것처럼 쉽게 무너진다. 공부의 기본은 어휘의 정확한 뜻을 아는 것이고, 어휘의 정확한 뜻을 알기 위해서는 한자로 알아야 한다. 한자로 알아야만 내용을 빨리 이해하고 정확하게 알게 되며 즐거움까지 생겨 오랫동안 기억할 수 있기 때문이다.

이 책은 국어, 수학, 사회, 과학, 국사 교과에 등장하는 중요한 한자어를 뽑아서 개념을 한자 뜻으로 풀이한 다음에 꼭 필요한 설명을 덧붙여서 이해와 암기가 쉽도록 구성했다. 유의어와 반의어에 대한 설명도 덧붙였고 함께 알면 좋은 어휘까지 담았다. 각 한자로 만들어진 또 다른 주요 어휘들도 제시했으니 함께 보면 머릿속 어휘 꾸러미가 커질 것이다.

이 책을 읽으면서 "내가 왜 진즉 이런 생각을 하지 못했지?"라고 중얼거리게 되면 좋겠다. 그리고 공부도 재미있는 일이라는 사실을 깨달을 수 있으면 좋겠다.

한자를 쓸 줄 알아야 할 필요까지는 없다는 점을 분명히 밝힌다. 쓰는 능력까지 갖추려 욕심내다가 한자 공부를 포기하게 될까 염려스럽기 때문이고, 쓰는 능력은 중요하지 않기 때문이다.

가벼운 마음으로 읽으면서 "아하! 그렇구나."를 외치기만 한다면 그것으로 충분하다. 이 책을 통해 생각하는 힘을 기르고 이 책에 나오지 않은 단어까지 유추해서 스스로 의미를 알아내려는 욕심을 가질 수만 있다면 더 바랄 것이 없겠다.

그동안 나의 이야기에 귀 기울여 주고 따뜻한 미소를 건네 주었던 학생들과 학부모님들에게 감사의 마음을 전하고 싶다.

권승호

· 차례 ·

□ 설의법   □ 어간   □ 전지적   □ 보조사

□ 비유법   □ 원순모음   □ 수필   □ 상대적

□ 문어체   □ 자음동화   □ 희곡   □ 반언어적

□ 시   □ 어휘   □ 우유체

□ 소설   □ 음운 축약   □ 귀납법

1장

국어
國語

설의법
設疑法

세울 설(設) 의문 의(疑) 방법 법(法)

"정말 이대로 포기하시겠습니까?"는 언뜻 보면 질문인 것 같지만 이건 궁금해서 물어본 말도, 대답을 듣기 위해 하는 말도 아니야. 포기해서는 안 된다는 의지의 표현이지. "포기하시겠습니까?"가 "포기하지 말아야 한다."보나 의미가 강하게 와닿지? 이처럼 평서문으로 해도 될 말을 일부러 의문문의 형식으로 하는 표현 방법을 설의법이라 해. 의문(疑)을 세워서(設) 하는 말하기 방법이지.

설의법을 사용하는 이유가 뭘까? 평서문보다 감정이 분명하게 드러나서 듣는 사람에게 강하게 호소할 수 있기 때문이야. 연설하거나 강연할 때 많이 사용하는 이유란다. 설의법은 상대방의 대답을 요구하지 않아. 그저 자신이 말하고자 하는 내용을 강조하기 위해 의문문의 형식을 빌렸을 뿐이야.

"공든 탑이 무너지랴?"는 공든 탑은 무너지지 않는다는 말이고, "가난하다고 사랑을 모르겠는가?"는 가난해도 사랑을 알 수 있다는 이야기야. "엄청나게 기쁘다"라는 표현 대신 "어찌 기쁘지 않겠는가?"라고 표현하면 지루하지 않고 생동감이 있어 보이지 않니?

설의법과 의문문은 무슨 차이일까? 의문문은 '의심할 의(疑)', '물을 문(問)', '글 문(文)'으로 의심이 생겨서 묻는 글이라는 뜻이야. 말 그대로 어떤 사실을 묻는 것을 말해. 상대방의 대답을 요구할 때 쓰는 표현이란다.

‑¦ᐟ′¦‑
  한자 뜯어보기

| 설 | 設 | 세우다, 베풀다

• 설립(設立): 단체나 기관을 만들어 세움. 설 립(立)
• 설계(設計): 계획을 세움. 헤아릴 계(計)
• 설문(設問): 조사하거나 통계를 내기 위해 질문을 세움(문제를 냄). 물을 문(問)

| 의 | 疑 | 의심하다, 의심스럽다

• 회의적(懷疑的): 의심을 품는 경향. 품을 회(懷), 어조사 적(的)
• 피의자(被疑者): 의심을 당한 사람, 범죄 혐의를 받는 사람. 당할 피(被), 사람 자(者)
• 반신반의(半信半疑): 반절은 믿고 반절은 의심스러워함. 반절 반(半), 믿을 신(信)

생각해 보기

다음 중 설의법이 <u>사용되지 않은</u> 문장은 몇 번인지 골라 줘.

① 저 사람, 진짜 슬퍼 보이지 않아?
② 학생의 본분은 공부가 아닐까?
③ 와! 진짜 너무 피곤하지 않냐?
④ 수행평가 제출이 언제까지였지?

비유법
比喩法

견줄 비(比) 비유할 유(喩) 방법 법(法)

"내 친구 철수는 냄비야."라는 말이 무슨 뜻일까? 마술을 부려서 가끔 냄비로 변신한다는 말이 아닌 건 알지? 철수와 냄비가 서로 같은 점이 있다는 말이야. 철수라는 사람을 설명하기 위해 철수와 전혀 상관없어 보이는 냄비를 갖고 온 거야. 이것을 견주어(比) 비유하는(喩) 방법이라 하여 비유법이라고 해. 사람들은 뚝배기와 냄비를 비교하곤 해. 뚝배기는 천천히 뜨거워지고 천천히 식지만 냄비는 빨리 뜨거워지고 빨리 식어 버리는 성질을 가지고 있어. 그러니까 '철수는 냄비다'라는 말은 철수의 급하고 변덕스러운 성격을 냄비의 빨리 뜨거워지고 빨리 식는 성질에 비유하여 표현한 거야.

비유법 중 하나에 은유법이 있어. '숨길 은(隱)', '비유할 유(喩)'야. 정리하면 은유법은 숨겨서 비유한다는 뜻이야. "아버지는 호랑이다."도 은유법인데 아버지의 사나움을 호랑이의 사나움에 비유했어. "내 마음은 호수요."는 내 마음의 넓고 깊고 잔잔함을 호수의 넓고 깊고 잔잔함에 비유한 것이란다.

직유법도 많이 쓰이는데 한자를 보면 '직접 직(直)', '비유할 유(喩)', '방법 법(法)'이야. 비슷한 속성을 가진 두 가지를 직접 견주는 방법이지. '~처럼', '~같이', '~듯이'가 나오면 직유법이라고 보면 돼. '장미처럼 예쁘다', '보름달같이 둥글다', '성격이 냄비처럼 급하고 변덕스럽다' 등이 그것이야.

한자 뜯어보기

| 은 | 隱 | 숨다, 숨기다, 벗어나다, 감추다, 불쌍히 여기다

• 은어(隱語): 남들이 잘 모르고 특정 집단 내에서만 쓰는 말. 말 어(語)
• 은퇴(隱退): 직책에서 벗어나 한가로이 지냄. 물러날 퇴(退)
• 측은지심(惻隱之心): 가엽고 애처롭게 생각하는 마음. 가엽게 여길 측(惻)

| 유 | 喩 | 깨우치다, 비유하다

• 활유법(活喩法): 무생물을 살아 있는 생물에 비유하여 표현하는 수사법. 살 활(活)
• 환유법(換喩法): 사물의 특징으로써 그 사물 자체를 나타내는 수사법. 바꿀 환(換)
• 제유법(提喩法): 일부분으로써 그 사물 전체를 나타내는 수사법. 끌 제(提)

생각해 보기

다음 문장은 다 비유법을 사용했어. 그런데 혼자 조금 달라 보이는 게 있네?

① 내 남자친구는 해바라기야.
② 우리 아버지는 호랑이야.
③ 꽃 보듯이 나를 쳐다봐 줘요.
④ 나는 나룻배, 당신은 행인.

먹는 문어가 아닙니다

글 문(文) 말 어(語) 방법 체(體)

문어체
文語體

언어를 음성언어와 문자언어로 구별하는 것 알지? 음성언어는 말이고 문자언어는 글이야. '입 구(口)'의 구어체는 입으로 하는 언어 표현 방법이라는 뜻이야. 그리고 '글 문(文)'의 문어체는 글로 하는 언어 표현의 방법이라는 뜻이지. 예를 들어 '이거 뭐야?'와 '이것 뭐야?'에서 '이거'는 말할 때 사용하고 '이것'은 글을 쓸 때 사용하잖아. 따라서 '이거'는 구어체고 '이것'은 문어체야.

'너랑 나랑'과 '뭔 일'은 구어체인데 이것을 문어체로 바꾸면 어떻게 될까? 그래, 맞아. '너와 나', '무슨 일'이야.

'저는 지시를 이행할 의사가 없습니다.'를 보자. 전형적인 문어체야. 이것을 구어체로 고치면 어떻게 될까? '저는 안 할 겁니다.'가 되겠지.

문어체와 구어체는 어미와 조사에서도 차이가 나지만 단어도 차이가 나. 하지만 어떤 단어가 무조건 문어체고 어떤 단어가 무조건 구어체라는 법칙은 없어. 문어체와 구어체를 구별하는 가장 쉬운 방법은 소리 내어 읽어 보는 거란다.

문어체는 정보를 정확하게 전달하고 신뢰를 높이는 데 유용하게 사용되는 문체야. 읽기 편하고 친숙하게 느껴지는 구어체보다는 확실히 전문성이 느껴지지. 권위, 예의, 공신력 등을 갖추어야 하는 글에 자주 활용된단다.

- 한자 뜯어보기

│ 문 │ 文 │ 글, 문장, 문서, 책, 문체, 글자, 문화

• 문체(文體): 문장을 통해 드러나는 글쓴이의 개성이나 특징. 몸 체(體)
• 예문(例文): 학습이나 학습 평가를 위해 예로 드는 글. 보기 예(例)
• 문건(文件): 공적인 성격을 가진 문서나 서류. 사건 건(件)

│ 체 │ 體 │ 몸, 모양, 방법, 근본, 문체, 물건

• 체험(體驗): 어떤 일을 실제로 보고 듣고 경험함. 경험 험(驗)
• 산업체(産業體): 물건을 만들어내는 사업체. 만들 산(産), 일 업(業)
• 공동체(共同體): 운명, 생활, 목적 등을 함께하는 두 사람 이상의 조직체. 함께 공(共), 같을 동(同)

생각해 보기

지금 읽고 있는 이 책의 말투는 문어체일까, 구어체일까?

① 어쨌든 글로 썼으니까 문어체
② 선생님이 수업할 때 쓰는 말투이므로 구어체
③ 문어체도 구어체도 아닌 제3의 문체
④ 반말체(?)

시를 좋아하는 사람은 정이 많다고?

시 시(詩)

시 詩

시(詩)는 말씀 언(言)에 절 사(寺)가 더해진 한자로 절에서 불경을 읊는 소리라는 뜻이야. 시의 특징이 운율인데 불경에도 운율이 있기에 '시'를 나타내는 글자가 되었다고 알려져 있지.

인간은 누구나 자기 생각과 감정을 표현하고 싶어 하고 다른 사람의 감정에 대해 알고 싶어 해. 자신의 감정을 표현하면서 시원함을 느끼고 아픔을 덜어내곤 하지. 또, 다른 사람의 감정과 생각을 알게 되면서 인간에 대한 이해가 커지고 자신의 슬픔을 이겨내기도 해. '아! 나만 힘든 게 아니구나.' '아! 나만 이기적인 것이 아니구나.' '아! 다른 사람도 누군가를 그리워하는 마음 때문에 남몰래 눈물 흘리는구나.'라는 깨달음을 얻으면 아픔이 치유되지.

시를 쓰고 읽는 이유가 바로 여기에 있어. 시를 쓴다는 것은 자기 생각과 감정을 표현하는 일이고, 시를 읽는다는 것은 시 속에서 말하는 이의 생각과 감정에 공감하는 일이거든.

시를 감상하는 일은 시적 화자의 생각과 기쁘고 성나고 슬프고 괴롭고 그리워하는 감정에 공감하는 일이야. 그러므로 시를 감상할 때에는 시적 화자의 생각이나 감정이 어떠한가를 알아내려 노력하는 게 좋아.

시는 내용을 기준으로 서정시와 서사시로 나뉘어. 서정시는 '펼칠 서(抒)', '감정 정(情)'으로 감정을 펼쳐낸 시를 말하고 서사시는 '차례 서(敍)', '사건 사(事)'로 사건을 차례대로 서술한 시를 말해. 우리가 만나는 시의 대부분은 서정시란다.

한자 뜯어보기

| 시 | 詩 | 시, 노래하다

- 시심(詩心): 시를 지으려는 생각을 불러일으키는 마음. 마음 심(心)
- 참여시(參與詩): 현실에 비판적인 의식을 가지고 변화를 추구하는 내용을 담은 시. 간여할 참(參), 더불어 여(與)
- 시적 화자(詩的話者): 시에서 말하는 주체. 시인 자신일 수도 있고 허구적 대리인일 수도 있음. 말할 화(話), 사람 자(者)

| 정 | 情 | 느끼는 마음, 감정, 욕심, 심기, 인정

- 표정(表情): 얼굴에 드러나는 마음속의 심리와 감정의 모습. 나타날 표(表)
- 열정(熱情): 어떤 일에 대한 뜨거운 감정. 뜨거울 열(熱)
- 역정(逆情): 거슬리는 마음, 언짢아서 내는 성질. 거스를 역(逆)

생각해 보기

다음 설명 중 옳지 <u>않은</u> 것은?

① 시를 감상하는 일은 시적 화자의 감정에 공감하는 일이야.
② 시를 내용상으로 분류하면 서정시와 서사시로 나눌 수 있어.
③ 서정(抒情)은 감정을 펼쳐낸다는 의미야.
④ 우리가 보는 시의 대부분은 서사시야.

꾸며낸 이야기 속에 진실이 숨어 있다고?

작을 소(小) 이야기할 설(說)

소설
小說

소설은 사실이나 허구의 이야기를 작가의 상상력과 구성력을 더하여 쓴 문학 양식이야. 그런데 소설의 '소'가 '작을 소(小)'인 이유가 뭘까? 장편소설은 말할 것도 없고 단편소설도 결코 적은 분량이 아닌데 말이야.

소설이 풀어내는 이야기가 실제 일어난 사건에 비해 작기 때문일 수도 있고, 소설이라는 말이 만들어졌던 옛날에는 소설을 가치가 적고 하찮은 것으로 여겼기 때문일 수도 있어. 특히 지배층들은 여기저기 떠돌아다니는 이야기나 실제로 일어나지도 않은 일을 소재로 그저 재미를 위해 꾸며냈다는 이유로 가치 없는 것으로 평가했을 수 있어.

그런 소설이 오늘날 가치 있는 문학으로 인정받고 있는 이유는 꾸며낸 이야기 속에서 인간의 모습을 볼 수 있기 때문이고 인간을 이해하는 데 도움을 주기 때문이야. 소설가들은 인간과 세상에 대한 다양한 관점을 제시하기 위해서 이야기를 촘촘하게 짜서 보여주거든. 소설을 '개연성 있는 허구'라고 하는 것 알지? '대개 개(蓋)', '그럴 연(然)'의 개연성은 '대개 그럴 수 있는 성질'이라는 뜻이고, '없을 허(虛)', '얽을 구(構)'의 허구는 없었던 일을 거짓으로 얽어놓았다는 의미란다.

박경리의 《토지(土地)》나 조정래의 《태백산맥(太白山脈)》 같은 소설을 대하소설이라고 해. 오랜 세월에 걸쳐 다양한 인물들을 그려내는 규모가 큰 장편소설을 일컬어. 대하는 '큰 대(大)', '강 하(河)'로 큰 강이라는 뜻인데 규모가 큰 것을 비유하는 말이야.

한자 뜯어보기

| 연 | 然 | 그러하다, 틀림이 없다, 불타다

- 돌연(突然): 예기치 못한 사이에 급히. 갑자기 돌(突)
- 자연(自然): 세상에 스스로 존재하거나 우주에 저절로 이루어지는 모든 존재나 상태. 스스로 자(自)
- 석연(釋然): 의혹이나 꺼림칙한 마음이 없이 환함. 풀 석(釋)

| 설 | 說 | 이야기, 말, 말하다, 글, 주장

- 설득(說得): 말을 통해 얻어냄, 상대편이 자기 뜻을 따르도록 말함. 얻을 득(得)
- 가설(假說): (어떤 사실을 설명하기 위해서) 임시로 세운 이론. 임시 가(假)
- 직설적(直說的): 꾸미거나 둘러대지 않고 직접 말하는 방법. 곧을 직(直)

생각해 보기

다음 중 소설이 아닌 작품이 하나 있어. 몇 번일까?

① 빨간 머리 앤   ② 위저드 베이커리
③ 홍길동전   ④ 로미오와 줄리엣

말의 줄기라서 어간이고 말의 꼬리라서 어미라고?

어간
語幹

말 어(語) 줄기 간(幹)

어근, 어간, 어미. 어지럽지? 헷갈리지? 하지만 한자로 이해하면 아주 쉬워. '어'는 '말 어(語)'야. 그리고 '뿌리 근(根)', '줄기 간(幹)', '꼬리 미(尾)'지. 여기서 '뿌리'는 근본이야. 가장 핵심이 되는 부분이지. 줄기는 뿌리와 뿌리 위에 있는 몸통이야. 꼬리는 몸통의 끝에 붙어 있지. 이 순서를 기억하자.

'먹었다'를 보자. 근본이 되고 중심이 되는 것이 뭘까? '먹'이야. 그리고 '었'과 '다'는 꼬리지. 물론 똑같지는 않아. '다'는 맨 끝에 있기에 '끝 말(末)'을 서서 '어말어미'라고 해. '었'은 어말어미 앞에 있지? 그래서 '앞 선(先)'을 써서 선어말어미라 해.

'먹였다'는 '먹이었다'의 줄임말인데, 여기에서 '먹'은 어근, '었'은 선어말어미, '다'는 어말어미야. 그러면 '이'는 뭘까? 어근과 어미를 이어주는 역할을 해. 그래서 '이을 접(接)'을 써서 접사라 하지.

어간(語幹)은 어근과 접사를 합한 것이란다. 뿌리와 몸통을 합해 줄기라 부른다고 이해하면 될 것 같아.

"선생님께서 강당에 가셨습니다."에서 '가셨습니다'는 '가시었습니다'의 축약이야. '가'는 어근이고 '다'는 어말어미지. 그리고 '시', '었', '습니'는 모두 선어말어미인데 역할이 다르고 명칭도 달라. '시'는 주체 높임 선어말어미, '었'은 과거시제 선어말어미, '습니'는 상대 높임 선어말어미야.

☀️ 한자 뜯어보기

| 간 | 幹 | 줄기, 근본, 기둥

• 간선도로(幹線道路): 원줄기를 이루는 주요 도로. 줄 선(線)
• 간부(幹部): 지도적인 위치에서 중요한 책임을 맡은 사람. 거느릴 부(部)
• 근간(根幹): 사물의 본바탕이나 중심. 뿌리 근(根)
• 백두대간(白頭大幹): 백두산에서 시작하는 큰 산줄기. 큰 대(大)
• 재간(才幹): 어떤 일을 할 수 있는 재주와 솜씨. 재주 재(才)
• 간사(幹事): 단체나 기관의 사무를 담당하여 처리하는 사람. 일 사(事)

생각해 보기

"선생님은 복습의 중요성을 강조하시었습니다."에서 어근은 무엇일까?

① 강조하   ② 시
③ 었   ④ 습니다

입술을 둥글게 둥글게

둥글 원(圓) 입술 순(脣)
어미 모(母) 소리 음(音)

원순모음
圓脣母音

'원순'은 '둥글 원(圓)', '입술 순(脣)'으로 입술을 둥글게 한다는 의미야. '어미 모(母)', '소리 음(音)'을 쓴 '모음'은 엄마처럼 중요한 역할을 하는 소리지. 엄마처럼 중요한 소리라니, 무슨 말일까?

'가'를 놓고 생각해 보자. '가'는 'ㄱ'에 'ㅏ'가 더해졌지? 'ㄱ'은 혼자서 소리를 못내. 엄마 없이 살 수 없는 아이처럼. 'ㅏ'는 혼자 소리를 낼 수 있지. 뭐든지 할 수 있는 엄마처럼. 그래서 'ㄱ'은 '아들 자(子)'를 써서 자음이라 하고 'ㅏ'는 '어미 모(母)'를 써서 모음이라 해.

모음과 자음은 다양한 종류가 있어. 그 소리를 내는 방식이나 소리를 낼 때의 입 모양을 바탕으로 이름 붙이지. 거울을 보고 ㅗ, ㅜ, ㅚ, ㅟ를 발음해 봐. 입술이 둥글게 되지? 그래서 '둥글 원(圓)', '입술 순(脣)'을 써서 원순모음이라 부르는 거야. 이와 다르게 ㅣ, ㅡ, ㅐ는 입술이 평평한 상태로 발음되기 때문에 '평평할 평(平)' '입술 순(脣)'을 써서 평순모음이라 한단다.

원순모음화란 'ㅁ', 'ㅂ', 'ㅍ' 뒤에 오는 원순모음 아닌 'ㅡ'가 원순모음인 'ㅜ'로 변하는(化) 현상을 말해. 왜 음운이 변하냐고? 발음을 편하게 하기 위해서야. "플에 블 붙었다. 믈 가져오너라."를 발음해 볼래? 어렵지? 그래서 '풀에 불 붙었다. 물 가져오너라.'로 발음이 바뀌었단다.

☀ 한자 뜯어보기

| 모 | 母 | 어미, 모체, 근본

- 모회사(母會社): 이미 있던 기업에서 한 기업이 독립하여 나왔을 때, 그 모체가 되는 기업. 모임 회(會), 모일 사(社)
- 항공모함(航空母艦): 항공기를 싣고 다니면서 뜨고 내리게 할 수 있는 설비를 갖춘 큰 군함. 군함 함(艦)
- 대모(大母): 특정한 분야나 단체에서 권위가 있고 영향력이 큰 여성. 큰 대(大)

| 순 | 脣 | 입술

- 양순음(兩脣音): 'ㅂ', 'ㅃ', 'ㅍ', 'ㅁ' 등 두 입술 사이에서 나는 소리. 둘 양(兩)
- 단순호치(丹脣皓齒): 붉은 입술과 하얀 이. 미인의 얼굴. 붉을 단(丹), 흴 호(皓), 이 치(齒)
- 순망치한(脣亡齒寒): 입술이 없으면 이가 시리다. 가까이에 있는 하나가 망하면 다른 하나도 그 영향으로 온전하지 못함. 없을 망(亡), 차가울 한(寒)

생각해 보기

글자들의 자음과 모음을 가지고 서로 이야기를 나누었어. 다음 중 옳지 <u>않은</u> 말을 골라 봐.

① 국어 문법에서 자음은 19개, 모음은 21개야.
② '군'에서 자음은 1개, 모음도 1개야.
③ '아'에서 'ㅇ'은 표기만 있지 소리는 없어.
④ '동'에서 자음은 2개, 모음은 1개야.

가까이 있으면 서로 닮는다

아들 자(子) 소리 음(音)
같을 동(同) 변할 화(化)

자음동화
子音同化

쓸 때는 '신라'로 쓰지만 발음은 '실라'로 한다는 것 알고 있지? 누군가가 '실라'로 발음하라고 강요한 게 아니라 '실라' 발음이 쉬우니까 '실라'로 발음하는 거야. 이런 현상을 자음동화라고 해. 자음끼리 만났을 때 서로 영향을 주고받아서 하나의 자음이나 두 개 자음이 변하는 현상이야. '같을 동(同)', '변할 화(化)'로 자음이 같게 변화한다는 뜻이지.

자음동화에는 비음화와 유음화가 있어. 비음화(鼻音化)는 비음이 아닌 것이 비음이 되는 것을 말해. 비음은 '코 비(鼻)', '소리 음(音)'으로 코에서 나오는 소리야. 'ㄴ', 'ㅁ', 'ㅇ' 등이 있어. 그러니까 '먹는다'가 '멍는다'로 발음되는 현상이 비음화야.

유음화(流音化)는 유음이 아닌 것이 유음이 되는 거야. 유음은 흘러가는(流) 소리라는 뜻인데 'ㄹ'이 바로 유음이야. 유음화의 법칙에 따라 '칼날'이 '칼랄'로 발음돼.

왜 자음동화 같은 걸 만들고 배우냐고? 학자들이 만든 게 아니라 쉽게 발음하려는 사람들이 자연스럽게 만들었기 때문이야. '신라', '먹는다', '칼날'을 글자 그대로 발음해 보려고 애쓰면 금방 알 수 있을걸.

-`ᐳᐸ´- 한자 뜯어보기

| 화 | 化 | 되다, 변하다

• 자유화(自由化): 자유가 없었는데 자유가 있게 됨. 스스로 자(自), 말미암을 유(由)
• 변화(變化): 사물의 모양이나 성질이 바뀌어 달라짐. 변할 변(變)
• 화학(化學): 물질이 변화하는 것에 관해 연구하는 학문. 학문 학(學)
• 활성화(活性化): 사회나 조직 등이 활발하게 됨. 살 활(活), 성질 성(性)

| 개 | 蓋 | 덮다

• 두개골(頭蓋骨): 척추동물의 머리를 덮는 뼈를 통틀어 이르는 말. 머리 두(頭), 뼈 골(骨)
• 무개차(無蓋車): 지붕이나 덮개가 없는 자동차. 없을 무(無), 차 차(車)
• 구개음(口蓋音): 입 덮개에서 나는 소리. 'ㅈ', 'ㅊ', 'ㅉ' 등. 입 구(口)

생각해 보기

다음 중 비음화가 일어나지 않는 단어는?

① 밥물   ② 종로
③ 백로   ④ 신라

모든 공부의 기초가 어휘력이라고?

어휘
語彙

언어 어(語) 무리 휘(彙)

어휘는 '언어 어(語)', '무리 휘(彙)'로 '언어의 무리'라는 뜻이야. 사전에는 '일정한 범위 안에서 쓰이는 단어와 숙어의 전체'라고 나와 있지. 사실이나 의견, 느낌이나 감정 등을 나타내거나 전달하는데 사용하는 단어와 숙어들의 모음인 거야.

세상을 살아가기 위한 지식과 정보를 제공하거나 받아들이기 위해서는 어휘력이 필요해. 자기 생각과 감정을 효과적으로 표현하기 위해서도 풍부한 어휘력은 필수적이지. 그런데 사람들은 어휘력이 중요하다는 사실은 알면서 어휘력을 키우는 노력은 하지 않아. 영어 어휘력 향상을 위해서는 엄청나게 많은 시간을 투자하면서 국어 어휘력을 키우는 일에는 인색한 학생들을 보면 무척 안타까워.

틈날 때마다 어휘 공부를 하면 좋겠어. 어휘를 기르기 위해 가장 좋은 방법은 사전을 찾아보는 거야. 국어사전을 찾은 후 이해가 잘되지 않으면 한자사전까지 찾아서 철저하게 어휘의 뜻의 익혀야 해.

단어(單語)는 '엄마', '아름답다'처럼 뜻과 기능을 가지는 언어의 최소 단위야. '홑 단(單)'을 써. 숙어는 '익을 숙(熟)', '말 어(語)'로 '익은 말이라는 의미야. 단어들이 모여서 하나의 뜻으로 익은 말이야. 씀씀이가 헤플 때 '손이 크다'라고 하는 것이 그 예란다.

한자 뜯어보기

| 어 | 語 | 말, 소리, 이야기

- 은어(隱語): 자기들만 알도록 특정한 뜻을 숨겨 붙인 말. 숨길 은(隱)
- 어투(語套): 말을 하는 버릇이나 본새. 틀 투(套)
- 신조어(新造語): 새로 만들어진 말. 새로울 신(新), 만들 조(造)
- 유언비어(流言蜚語): 근거 없이 널리 퍼진 소문. 흐를 유(流), 메뚜기 비(蜚)

| 휘 | 彙 | 무리, 모으다

- 기본 어휘(基本語彙): 사용 빈도가 높은 말. 말 어(語)
- 만휘군상(萬彙群象): 세상의 온갖 사물과 현상. 무리 군(群), 모양 상(象)

생각해 보기

다음 중 숙어가 <u>아닌</u> 것을 골라 볼래?

① 가랑이가 찢어지다.
② 바가지를 쓰다.
③ 귀가 번쩍 뜨이다.
④ 밥을 먹다.

편하려면 줄이고 묶어라

소리 음(音) 소리 운(韻)
줄일 축(縮) 묶을 약(約)

음운 축약
音韻 縮約

말의 뜻을 구별해 주는 가장 작은 소리의 단위를 음운이라 해. '소리 음(音)',
'소리 운(韻)'으로 소리를 만들어내는 것이라는 뜻이야. '발', '칼', '말'에서 'ㅂ',
'ㅋ', 'ㅁ'이 다르지? 그리고 이런 다름 때문에 뜻도 달라지고 소리도 달라지잖
아. 'ㅂ', 'ㅋ', 'ㅁ'도 음운이고 'ㅏ'와 'ㄹ'도 음운이야.

축약의 뜻은 알지? '줄일 축(縮)', '묶을 약(約)'으로 줄여서 하나로 묶었다는 뜻
이잖아. 두 개 이상을 하나로 묶었다는 뜻이야. 따라서 음운 축약이란 둘 이
상의 소리가 합쳐져 하나의 새로운 소리가 되는 현상을 말해. 'ㄱ'과 'ㅎ'이 합
해져서 'ㅋ' 되고 'ㄷ'과 'ㅎ'이 합해져서 'ㅌ'이 되는 등 두 자음이 하나로 합쳐지
기도 해. 하지만 우리가 가장 많이 사용하는 음운 축약은 모음 축약이야. '보
+아도'가 '봐도'로, '가시+었다'가 '가셨다'로 줄어들 수 있어. 실제로 말할 때
'가시었어요'라고 말하는 사람은 거의 없을 거야. 대부분 '가셨어요'라고 하지.
음운 축약이 일어나는 이유는 발음을 좋게 하고 짧게 줄이기 위해서야. 성격
이 급한 사람들이 음운 축약을 더 많이 하려나?

음운이 합쳐지지 않고 하나가 떨어져 없어지기 때문에 이를 음운 탈락이라고 해. '솔+나무'가 '소나무로 변할 때 자음 'ㄹ'이 탈락하는데 이것을 자음 탈락이라 해. '가아+서'가 '가서'로 될 때는 모음 'ㅏ'가 없어져서 모음 탈락이라 한단다.

- ∖ ∣ ╱
-`한자` 뜯어보기

───────────────────────────

| 음 | 音 | 소리

• 음절(音節): 소리의 마디, 한 글자. 마디 절(節)
• 화음(和音): 잘 섞인 소리, 다른 음끼리 어울려 나는 소리. 섞을 화(和)
• 복음(福音): 인류를 구원한다는 복된 소리. 복 복(福)

| 약 | 約 | 묶다, 약속하다, 맺다, 줄이다

• 청약(請約): 계약을 맺기 위해 신청함. 청할 청(請)
• 약정(約定): 약속하여 정함. 정할 정(定)
• 조약(條約): 조목(항목)을 세워 약속함. 조목 조(條)

생각해 보기

다음 중 음운 축약을 <u>잘못한</u> 것은?

① 내일 뵈어요. → 내일 뵈요.
② 맞추었습니다. → 맞췄습니다.
③ 거기다 놓았어요. → 거기다 났어요.
④ 밥을 먹이었어요. → 밥을 먹였어요.

전지적 작가 시점, 전지적 독자 시점?

모두 전(全) 알 지(知) 어조사 적(的)

전지적
全知的

시점이란 '볼 시(時)', '관점 점(點)'으로 사물을 보는 관점이라는 뜻이야. 소설에서는 이야기의 전달자가 작품 속의 내용을 바라보는 위치라는 뜻으로 사용되지. 전지적 작가 시점은 '모두 전(全)', '알 지(知)'로 작가가 모든 것을 아는 상태로 소설을 전개하는 것을 말해. 모든 것에는 등장인물들의 심리까지 포함하지. 드라마나 영화에서는 대화를 나누어도 상대가 무슨 생각을 하는지는 알기 힘들지? 전지적 작가 시점에서는 작가가 모든 걸 알고 묘사하고 설명하지. 마치 전지전능(全知全能)하신 하느님이 모든 것을 다 알고 모든 일을 다 할 수 있는 것처럼.

한편 3인칭 관찰자 시점도 있어. 제삼자의 관점에서 직접 보고 살핀 것만을 이야기하는 서술 방법이라고 할 수 있지. 자신이 사람들의 행동을 관찰하는 것이라고 생각하면 돼. 나의 입장에서 친구의 행동은 이야기할 수 있지만 친구의 심리까지 묘사할 수는 없잖아. 심리가 묘사되어 있으면 전지적 작가 시점이고 심리 묘사가 되어 있지 않으면 3인칭 관찰자 시점이라고 생각하면 될 것 같아.

'전지'는 동음이의어가 많아. 전기 에너지를 만드는 장치인 전지는 '전기 전(電)', '연못 지(池)'로 전기를 모아 둔 연못이라는 뜻이야. '자를 전(剪)', '가지 지(枝)'를 쓴 전지(剪枝)도 있는데 나뭇가지를 다듬거나 잘라낸다는 뜻이지.

☀ 한자 **뜯어보기**

| 전 | 全 | 모두, 온전하다

- 전적(全的): 전체에 걸쳐 모두 다인 것. 어조사 적(的)
- 안전(安全): 편안하고 온전한 상태. 편안할 안(安)
- 보전(保全): 온전하게 잘 지키거나 유지함. 지킬 보(保)

| 지 | 知 | 알다, 알리다, 지식

- 지각(知覺): 알아서 깨달음. 깨달을 각(覺)
- 인지도(認知度): 어떤 사람이나 물건을 알아보는 정도. 알 인(認)
- 주지(周知): 여러 사람이 두루 앎. 두루 주(周)

생각해 보기

다음 문장 중 어떤 게 전지적 작가 시점일까?

① 도연이는 짐짓 억울한 마음이 들었다.
② 도연이의 눈가가 붉게 충혈되었다.
③ 한참을 앉아 있던 도연이는 천천히 일어났다.
④ 도연이는 문 앞에 한참을 서 있었다.

붓을 따라 쓴 글

따를 수(隨) 붓 필(筆)

수필
隨筆

자신의 경험이나 느낌을 형식에 얽매이지 않고 자유롭게 쓴 글을 수필이라고 해. 수필을 '붓 가는 대로 쓴 글'이라고도 할 수 있지만 '수시(隨時)로 붓(筆)을 들어 쓴 글'이라고도 할 수 있어. 영어로는 에세이(essay)라 하는데 essay는 '시도', '시험'이라는 뜻을 지닌 프랑스어 'essai'에서 온 말이라고 해. 조건 없이 무작정 쓴 글이라는 뜻이겠지.

수필은 시, 소설, 희곡과 달리 정해진 형식 없이 자신을 진솔하게 드러내는 장르야. 편지, 일기, 기행문, 회고록, 감상문 등도 수필이라 할 수 있는데 이런 글들은 특별한 재능이나 조건이 요구되지 않기 때문에 누구라도 쓸 수 있어. 비전문적인 문학이라 할 수 있지.

경수필과 중수필로 나눌 수 있는데 '가벼울 경(輕)'의 경수필이고 '무거울 중(重)'의 중수필이야. 일상생활에서 일어나는 일들에 대한 감상이나 견해를 가볍게 쓴 수필을 경수필이라 하고, 어떤 주제에 관해 논리적이고 비평적으로 쓴 수필을 중수필이라 해.

대학에서의 시험은 거의 에세이라는 것 알고 있지? 외국에서는 대학 입시에서도 에세이가 매우 중요하단다. 물론 경수필이 아닌, 지적이고 사색적인 중수필이지. 우리나라 대학 입시에서도 어서 빨리 수필 쓰기가 중심이 되면 좋겠어.

- 한자 **뜯어보기**

| 수 | 隨 | 따르다, 거느리다

- 부수적(附隨的): 주가 되는 것에 붙어 따르는 것. 붙을 부(附)
- 수의계약(隨意契約): 자기 뜻에 따라 하는 계약. 뜻 의(意)
- 부창부수(夫唱婦隨): 남편이 주장하고 아내가 따름. 남편 부(夫), 아내 부(婦)

| 필 | 筆 | 붓, 쓰다

- 필자(筆者): 글을 쓴 사람. 사람 자(者)
- 집필(執筆): 붓을 잡음, 글을 쓰는 일. 잡을 집(執)
- 곡필(曲筆): 굽혀서 씀, 거짓으로 왜곡하여 씀. 굽힐 곡(曲)

생각해 보기

수필은 형식에 얽매이지 않고 쓴 글이라고 했어. 다음 중 수필이 <u>아닌</u> 글은 무엇일까?

① 어제 먹은 쿠키의 맛을 묘사하는 글을 써 볼래!
② 지난 겨울에 다녀온 태국 여행 감상문을 써야지.
③ 가을에 열리는 학교 축제 안내문을 써야 해.
④ 내가 국어 시험 100점 받은 비법을 쓸 거야.

희곡의 '희'와 희극의 '희'가 다른 뜻이라고?

연극 희(戱) 가락 곡(曲)

희곡
戱曲

건물을 짓기 위해 설계도가 필요하듯 연극이 만들어져서 무대에 올려지기 위해서는 희곡이 필요하단다. 희곡은 대사를 중심으로 쓰인 연극(戱) 대본을 말해. '가락 곡(曲)'을 쓴 이유는 옛날 연극은 오늘날의 뮤지컬처럼 노래 중심으로 전개되었기 때문인 것 같아. 대사는 '무대 대(臺)', '말 사(詞)'로 무대에서 하는 말이고, 대본은 '무대 대(臺)', '근본 본(本)'으로 연극이나 영화 제작에 근본이 되는 각본이야.

각본이 또 뭐냐고? 각본이란 '다리 각(脚)', '책 본(本)'으로 다리처럼 기본이 되는 책이라는 뜻이야. 배우의 대사, 동작, 장면 순서, 무대 장치 등을 구체적으로 적어 놓은 글을 말하지.

희곡은 시나 소설과는 달리 공연을 전제로 쓰인 것이기 때문에 시간적으로나 공간적으로나 많은 제약을 받아. 배우의 대사, 동작, 장면 순서, 무대 장치도 구체적으로 적어야 한단다. 그러니 서점이나 도서관에서 희곡을 실은 책을 꼭 보길 바랄게. 소설과는 또 다른 재미를 담고 있거든.

희곡과 희극은 달라. 희극은 '기쁠 희(喜)', '연극 극(劇)'이거든. 인간과 사회의 문제점을 웃음을 바탕으로 경쾌하고 흥미 있게 다룬 연극을 말해. '슬플 비(悲)'를 쓴 비극도 있는데 인생의 슬픔과 비참함을 제재로 주인공의 파멸, 패배, 죽음 등의 불행한 결말을 갖는 연극을 말해.

- \ | / -
한자 **뜯어보기**

| 희 | 戲 | 연극, 놀다, 희롱하다

- 유희(遊戱): 즐겁게 놀며 장난함. 놀 유(遊)
- 희롱(戱弄): 말이나 행동으로 실없이 놀림. 가지고 놀 롱(弄)

| 곡 | 曲 | 노래, 가락, 굽다, 굽히다

- 교향곡(交響曲): 관현악으로 연주되며 여러 악장으로 된 악곡. 섞일 교(交), 울릴 향(響)
- 왜곡(歪曲): 비뚤어서 진실과 다르게 함. 비뚤 왜(歪)
- 불문곡직(不問曲直): 굽었는지 곧은지 묻지 않음. 물을 문(問), 곧을 직(直)

생각해 보기

소설을 희곡으로 바꿀 때 고려해야 할 점이 <u>아닌</u> 것은 무엇일까?

① 너무 슬픈 내용은 좀 바람직하지 않아.
② SF 장르는 무대 장치를 생각하기 힘들 것 같아.
③ 소설의 길이도 고려해야 해.
④ 등장인물의 수도 생각해야지!

우유처럼 부드러운 글(?)

부드러울 우(優) 부드러울 유(柔) 문체 체(體)

우유체
優柔體

사람마다 외모가 다르고 성격이 다른 것처럼 글의 모양과 성격 역시 제각각이야. 이것을 문체라 하는데 '글 문(文)', '모양 체(體)'로 문장의 모양이라는 뜻이란다. 글을 통해 드러나는 필자의 개성이나 특징을 말하지.

문체에는 여러 종류가 있는데 호흡이 완만하고 어조가 우아하며 부드러운 문체를 우유체라 해. '부드러울 우(優)', '부드러울 유(柔)'란다. 부드럽다는 한자를 두 개나 썼어. 한편 우유체와 상대되는 문체는 강건체인데 '굳셀 강(剛)', '굳셀 건(健)'으로 크고 거세며 힘이 있는 문체란다.

길이가 짧고 간단하여 내용을 명쾌하게 전달하는 문체는 '간단할 간(簡)', '깨끗할 결(潔)'의 간결체야. 수식이 많으며 자세하고 길게 늘어놓은 문체는 만연체인데 '덩굴 만(蔓)', '넘칠 연(衍)'야. 덩굴처럼 길고 넘쳐난다는 의미란다. '마를 건(乾)', '마를 조(燥)'의 건조체는 비유나 수식 없이 사실 전달을 위주로 하는 문체고, '빛날 화(華)', '고울 려(麗)'의 화려체는 비유와 수식이 많아 문장이 화려하고 정감이 풍부한 문체야.

우유체를 우유 느낌이 나는 문체로 알았다고? 우리가 먹는 우유는 '소 우(牛)', '젖 유(乳)'로 '소가 만들어낸 젖'이야. 모유, 분유, 이유식, 포유동물에도 '젖 유(乳)'가 쓰이지. '기름 유(油)'도 있어. 석유, 식용유에 쓰이는 한자야.

☀️ **한자 뜯어보기**

| 우 | 優 | 부드럽다, 뛰어나다

• 우아미(優雅美): 부드럽고 고상한 아름다움. 고상할 아(雅), 아름다울 미(美)
• 배우(俳優): 광대로서 뛰어난 사람. 광대 배(俳)
• 우열(優劣): 뛰어남과 뒤떨어짐. 뒤떨어질 열(劣)

| 유 | 柔 | 부드럽다, 약하다

• 유연성(柔軟性): 융통성 있게 대응하는 성질. 연할 연(軟), 성질 성(性)
• 우유부단(優柔不斷): 부드럽기만 할 뿐 결단력이 없음. 결단할 단(斷)
• 외유내강(外柔內剛): 겉으로는 부드럽지만 속은 굳셈. 굳셀 강(剛)

생각해 보기

어떤 글에 우유체를 쓰면 좋을까?

① 동작 묘사가 많이 나오는 무협 소설에 적합하겠군.
② 자기주장이 확고한 논설문에 딱 맞겠어.
③ 아이들을 위한 동화를 쓸 때 좋을 것 같아.
④ 나중에 논문을 쓸 때 사용하면 좋지 않을까?

대체 어디로 돌아간다는 걸까?

돌아갈 귀(歸) 받을 납(納) 방법 법(法)

귀납법
歸納法

"장미가 시들어간다. 백합도 시들어간다. 코스모스도 시들어간다.", "장미, 백합, 코스모스는 꽃이다.", "모든 꽃은 시들어간다."라는 추론을 살펴보도록 하자. "장미, 백합, 코스모스가 시들어간다."와 "장미, 백합, 코스모스는 꽃이다."라는 구체적인 사실을 통해 "모든 꽃은 시들어간다."라는 일반적인 사실을 결론으로 끌어냈어. 이를 귀납법이라고 해. '돌아갈 귀(歸)', '받아들일 납(納)'으로 돌아가서 받아들인다는 뜻이란다. 그런데 어디로 돌아간다는 걸까? 일반적인 내용으로 돌아간다는 뜻이야. 수많은 구체적인 사실들을 수집한 다음, 일반적인 내용으로 돌아가 결론을 받아들이는 방법인 거지.

귀납법은 단 하나의 반대되는 증거만으로도 통째로 반박을 당할 수 있다는 치명적인 약점이 있어. 그럼에도 귀납법이 논리 전개에서 중요하고도 필요한 이유는 처음부터 일반적인 사실을 알 수 있는 다른 방법이 없기 때문이란다. 오류와 반박을 감수하면서 귀납법을 이용해 학문을 연구하다 보면 언젠가 일반적인 사실이 눈앞에 나타나는 경험을 할 수도 있을 거야. 그때의 희열을 언젠가 꼭 느껴보면 좋겠어.

"모든 동물은 죽는다. 사람은 동물이다. 그러므로 사람은 죽는다."라는 추론을 살펴보자. "모든 동물은 죽는다."와 "사람은 동물이다."라는 전제를 통해서 "사람은 죽는다."라는 결론을 끌어냈어. 이러한 방법을 연역법이라 해. '통할 연(演)' '풀어낼 역(繹)'으로 일반적인 사실을 통해 새로운 사실을 풀어낸다는 뜻이지.

⚡ 한자 뜯어보기

| 귀 | 歸 | 돌아가다, 보내다

• 복귀(復歸): 원래의 자리나 상태로 되돌아감. 돌아올 복(復)
• 귀성(歸省): 부모님이나 고향을 살피기 위해 고향으로 돌아감. 살필 성(省)
• 사필귀정(事必歸正): 일은 반드시 바른 것으로 돌아감. 일 사(事), 반드시 필(必), 바를 정(正)

| 납 | 納 | 들이다, 보내다, 바치다

• 납량(納涼): 서늘함을 들여옴. 서늘할 량(涼)
• 납부(納付): 세금이나 공과금 등을 냄. 줄 부(付)
• 납품(納品): 물품을 보내거나 가져다 줌. 물건 품(品)

> **생각해 보기**

다음 중 귀납법을 사용해 해결하기 어려운 문제는 무엇일까?

① 사람들이 화장실에서 몇 번째 칸을 선호하는지 알고 싶어.
② 맛집에서 사람들은 보통 몇 분을 기다릴 수 있을까?
③ 수학에서 소수(素數)가 무한한지 여부를 알아내려고.
④ 독감에 잘 걸리는 사람들의 특징을 조사하려 해.

의미를 보충해 줘서

보조사
補助詞

보충할 보(補) 도울 조(助) 말 사(詞)

'이', '가', '을', '를', '의', '에게'처럼 자립성이 있는 말 뒤에 붙어서 다른 말과의 문법적인 관계를 나타내거나 의미를 더해 주는 말을 조사라 해. '도울 조(助)', '말 사(詞)'로 도와주는 말이라는 뜻이지. 조사에는 격조사와 접속조사뿐 아니라 보조사가 있는데, 보조사는 '보충할 보(補)'로 의미를 보충해 주는 조사라는 의미야. 보충한다는 것은 더 자세하게 나타낸다는 의미지. 뜻을 분명하게 해 주는 조사라고 할 수 있어.

"철수가 합격했대.", "철수만 합격했대.", "철수도 합격했대." 이 세 문장을 차례대로 보자. "철수가 합격했대."는 "철수만 합격했대."나 "철수도 합격했대."에 비해 의미가 분명하지 못해. 조사 '가'는 단순히 합격한 사람이 '철수'라는 사실만 나타내고 있거든(이걸 격조사라고 불러). 반면 "철수만 합격했대."라는 문장에는 다른 친구는 떨어졌다는 의미까지 포함되어 있어. "철수도 합격했대."는 철수 말고 다른 친구도 합격했다는 의미까지 포함되어 의미가 아주 확실하지. 이처럼 '만'과 '도'는 새로운 의미를 보충하는 역할을 하기에 보조사라 하는 거야.

거들거나 돕는 행위, 혹은 거들거나 돕는 사람을 보조라고 해. 보조사의 보조와 한자가 같아.
요리사가 아무리 요리를 잘해도 설거지를 하거나 재료를 씻고 손질하는 주방 보조가 없으면
요리를 잘 해내기 힘들겠지.

．ᐟ／
－한자 **뜯어보기**

│ 조 │ 助 │ 돕다

- 조언(助言): 도움이 되도록 해 주는 말. 말 언(言)
- 부조(扶助): 남의 큰일에 돈이나 물건을 보내 도와줌. 도울 부(扶)
- 조력자(助力者): 힘을 써서 도와주는 사람. 힘 력(力)

│ 사 │ 詞 │ 말

- 가사(歌詞): 노래의 내용이 되는 말. 노래 가(歌)
- 치사(致詞): 칭찬하여 보내는 말. 보낼 치(致)
- 개사(改詞): 노래 가사를 바꿈. 고칠 개(改)

생각해 보기

다음 중 보조사가 쓰인 문장을 골라 봐.

① 엄마가 시장에 가셨다.
② 가영이가 여자래.
③ 1시간 동안 화학과 생물을 공부할 거야.
④ 심심한데 게임이나 하자.

세상 일은 대부분 상대적이다

상대적
相對的

서로 상(相) 대조할 대(對) 어조사 적(的)

'상대적'은 '서로 상(相)', '대조할 대(對)'로 다른 것과 서로 대조한 것이야. 나는 75점을 받았는데 친구는 50점을 받았다면 내가 시험을 잘 치른 것이고, 나는 75점을 받았는데 친구는 85점을 받았다면 내가 시험을 잘못 치른 것이지.

이와 달리 '절대적'은 '끊을 절(絕)', '대조할 대(對)'로 대조하는 일을 끊는다(비교하지 않는다)는 의미야. 90점은 등수와 상관없이 만점인 100점에 가까우니까 시험을 잘 치렀다고 평가하고, 50점은 설령 1등을 하였더라도 시험을 잘 치르지 못하였다고 평가라는 것이란다.

50점이 1등이 될 정도라면, 우리 학교의 시험이 다른 학교에 비해 지나치게 어렵게 나온 탓이라고 해석할 수도 있어. 이럴 때는 평가의 대상을 점수가 아닌 시험으로 바꾸어서, 상대적으로 우리 학교 시험이 어렵다고 평가할 수 있지. 이처럼 무엇을 평가할 때 상대적으로 평가할 것인지 절대적으로 평가할 것인지를 잘 판단해야 해.

90점 이상이면 누구에게나 1등급을 주는 것은 절대평가고, 등수로 상위 4% 안에 들었을 때 1등급을 주는 것은 상대평가야. 상대와 견주어 평가한다 해서 상대평가고, 상대와 비교하지 않고 그 자체만으로 평가한다 해서 절대평가인 거지.

-☆- 한자 **뜯어보기**

| 상 | 相 | 서로, 바탕, 보다, 얼굴

• 진상(眞相): 일이나 사물의 참된 내용이나 형편. 참 진(眞)
• 피상적(皮相的): 겉으로 보이는 현상에만 관계함. 겉 피(皮)
• 관상(觀相): 얼굴을 보고 운명이나 재수를 판단함. 볼 관(觀)

| 절 | 絶 | 끊다, 끝나다, 절대로

• 절벽(絶壁): 바위가 깎아 세운 것처럼 높이 솟아 있는 낭떠러지. 벽 벽(壁)
• 절판(絶版): 출판하였던 책을 계속 간행할 수 없게 됨. 책 판(版)
• 근절(根絶): 다시 살아날 수 없도록 아주 뿌리째 없애 버림. 뿌리 근(根)

생각해 보기

SNS 이용자들이 느끼는 상대적 박탈감에 대해 조사하려고 해. 다음 중 잘못 추측한 사람은 누구일까?

① 상대적 박탈감이니, 비교되는 상대가 등장하겠군.
② 학력이 낮거나 가난한 사람들만 상대적 박탈감을 느끼겠군.
③ SNS로 다른 사람들의 삶을 많이 접하는 사람들이 느끼기 쉬울 듯?
④ 자신을 평가할 수 있는 절대적인 기준이 없으면 느낄 것 같아.

반언어적 半言語的

반절 반(半) 말 언(言)
말 어(語) 어조사 적(的)

형이나 오빠가 퉁명스럽게 "나와서 밥 먹어!"라고 말하면 어때? 짜증이 확 나겠지. 하지만 엄마가 부드럽게 "나와서 밥 먹어~!"라고 하면 기분이 좋을 거야. 똑같은 말이지만 표현하는 방법에 따라 의미가 다르게 전달된다는 이야기야. 이처럼 의사소통의 수단으로 사용하는 말의 강약, 높낮이, 크기, 빠르기를 반언어적 표현이라고 불러.

여기서 '반'은 반대의 반이 아니라 절반의 반이야. 입에서 나왔고 뜻이 있으니까 말은 말인데 말 그대로의 뜻이 아니어서 반절 언어라 이름 붙였다고 이해하면 좋을 것 같아. 말만으로 부족했던 의미를 채워 주는 요소라고 이해해도 괜찮을 수 있어. 반언어적 표현을 '버금 준(準)'을 써서 준언어적 표현이라고도 한단다.

'아닐 비(非)'를 쓴 비언어적 표현도 있어. 언어가 아닌 표현이라고? 맞아. 말이 아닌 것으로 의미를 전달하는 것을 말해. 표정, 몸짓, 손짓, 시선, 자세 등으로 생각이나 느낌을 나타내는 것을 말하지. 비언어적 표현은 말이나 글로 표현할 수 없는 상황, 또는 더 분명하고 재미있는 언어적 표현이 필요한 경우에 사용한단다.

반어법은 달라. 반어법은 '반대 반(反)', '말 어(語)', '방법 법(法)'으로 반대로 말하는 방법이거든. 인색한 사람에게 "많이도 준다."라고 말하는 것이 반어법이야. 반어법을 사용하는 이유는 표현의 효과를 높이기 위해서야.

한자 **뜯어보기**

| 반 | 半 | 반절

• 과반수(過半數): 절반이 넘는 수. 초월할 과(過)
• 일언반구(一言半句): 한마디 말과 반 구절. 아주 짧은 말. 글귀 구(句)
• 야반도주(夜半逃走): 한밤중에 도망침. 밤 야(夜), 달아날 도(逃), 달릴 주(走)

| 언 | 言 | 말

• 선언(宣言): 펼쳐서 말함, 전체에게 공개적으로 알림. 펼칠 선(宣)
• 언쟁(言爭): 말로 옳고 그름을 다툼. 다툴 쟁(爭)
• 격언(格言): 인생의 교훈이 될 만한 짧은 말. 바로잡을 격(格)

생각해 보기

긍정적인 감정을 표현하고 싶다면 어떤 반언어적 표현을 써야 할까?

① 낮은 톤
② 작은 목소리
③ 느릿한 속도
④ 밝은 말투

□ 분수 □ 수직선 □ 원주율 □ 함수

□ 미지수 □ 집합 □ 최대공약수 □ 통계

□ 소수 □ 이등변삼각형 □ 상수항 □ 상대도수

□ 무리수 □ 평행사변형 □ 인수분해

□ 예각 □ 확률 □ 방정식

2장

수학
數學

1보다 작은 수를 표현하기 위해 만들었다고?

나눌 분(分) 숫자 수(數)

분수
分數

왜 분수라 이름 붙였을까? 그리고 무슨 뜻일까? '나눌 분(分)', '숫자 수(數)'로 숫자를 나누었다는 뜻이야. 수를 나눈 이유는 1보다 작은 수를 나타내기 위함이었지. 그래서 1보다 작은 분수, 그러니까 분자가 분모보다 작은 분수를 '참 진(眞)'을 써서 진분수라 해. 그런데 1보다 큰 분수가 있어. 1보다 커지면 분수의 원래 의미에서 벗어나. 그래서 '거짓 가(假)'를 써서 가분수라 이름 붙였단다. '가짜 분수'라는 뜻이지.

대분수에서 '대'는 무슨 뜻일까? '큰 대(大)'일까? 아니야. $1\frac{1}{2}$이 $\frac{5}{2}$보다 크지 않으니까 크다고 할 수 없지. 그러면 '대신할 대(代)'일까? 이것도 아니야. $1\frac{1}{2}$이 $\frac{3}{2}$을 대신했다고 볼 수 없잖아. 답은 '이을 대(帶)'란다. 정수와 분수를 이었기에 '이을 대(帶)'를 써서 대분수라 이름 붙인 거야.

약분과 통분의 뜻도 알아보자. 약분은 '줄일 약(約)'으로 분모와 분자의 숫자를 줄인다는 뜻이야. 통분은 '공통 통(通)'으로 두 분수의 분모를 공통되게 만든다는 뜻이란다.

"사람은 분수를 알고 말하거나 행동해야 한다."라고 하는데 이때의 '분수(分數)'는 자기의 신분이나 처지에 알맞은 한도, 사람으로서 일정하게 이를 수 있는 한계라는 뜻이야. '수를 구분하는 능력'으로 해석해도 좋을 것 같구나.

-`\´´- **한자 뜯어보기**

| 분 | 分 | 나누다, 구분하다, 분수

- 약분(約分): 분수의 분모와 분자를 그 공약수(公約數)로 나누는 행위. 줄일 약(約)
- 분석(分析): 나누고 쪼개서 논리적으로 해명함. 쪼갤 석(析)
- 명분(名分): 이름과 분수에 걸맞게 지켜야 하는 도리. 이름 명(名)

| 가 | 假 | 거짓, 가짜, 임시

- 가면(假面): 얼굴을 감추거나 달리 꾸미기 위하여 얼굴에 쓰는 물건. 얼굴 면(面)
- 가상(假象): 물처럼 보이는 거짓 형상. 모양 상(象)
- 가처분(假處分): 법원이 행하는 일시적인 명령. 처리할 처(處), 구분할 분(分)

생각해 보기

다음 중 분수에 관련된 용어에 대한 설명으로 옳지 <u>않은</u> 것은?

① 약분은 분모와 분자를 두 수의 공약수(公約數)로 나누는 걸 말해.
② 공약수란 두 수에 공통인 약수를 말해. '함께할 공(公)'을 쓰지.
③ 기약분수는 '이미 기(旣)'를 써. 이미 약분을 했다는 뜻이지.
④ 통분의 통은 '거느릴 통(統)'이야. 무언가를 합친다는 뜻이지.

알 수 없는 너란 수

미지수
未知數

아닐 미(未) 알 지(知) 숫자 수(數)

'미지'는 '아닐 미(未)' '알 지(知)'로 아직 알지 못한다는 뜻이야. '미지의 세계', '미지의 독자들', '미지의 정보기술', '미지의 물질' 등으로 사용되곤 하지.

따라서 미지수란 알아내고 싶은데 아직 알 수 없는 수를 가리켜. 보통은 방정식에서 구하려는 수, 또는 그것을 나타내는 글자를 말하지. □, ○, △로 표시하기도 하지만 x나 y로 많이 표시해. 데카르트라는 수학자가 처음으로 사용한 알파벳인데 x나 y를 사용한 이유는 알려져 있지 않아. 한편 미지수의 반대말은 기지수인데 '이미 기(旣)'를 쓴단다. 이미 알고 있는 수라는 의미지.

방정식에서 미지수가 하나이면 일원 방정식이고 미지수가 둘이면 이원 방정식이야. '원(元)'이 무슨 뜻이냐고? '근원'이라는 뜻이야. 찾고 싶은 근원(답)이 하나이기에 일원(一元)이라 하고 찾고 싶은 근원(답)이 2개이기에 이원(二元)이라 해. '2x+3=9'는 일원 방정식이고 '2x+3y=8'은 이원 방정식이야.

미지수(未知數)는 '앞으로 어떻게 될지 가늠하거나 판단할 수 없는 일'이라는 의미로도 많이 사용돼. '얼마나 효과가 있을지 아직은 미지수다.', '결론이 어떻게 내려질지 아직 미지수다.'가 그 예지.

한자 뜯어보기

| 미 | 未 | 아니다, 아직 아니하다

- 미개(未開): 열리지 않음, 수준이 낮고 문명이 발달하지 못함, 꽃봉오리가 열리지 않음. 열 개(開)
- 미증유(未曾有): 일찍이 있어 본 적이 없음. 일찍 증(曾)
- 미상(未詳): 확실하거나 분명하지 않음. 자세할 상(詳)

| 기 | 旣 | 이미, 이전에, 곧, 벌써

- 기성세대(旣成世帶): 현재 사회를 이끌어 가는 이미 어른인 세대. 이룰 성(成)
- 기출(旣出): 이미 시험 문제로 나온 것. 나갈 출(出)
- 기왕(旣往): 이미 그렇게 된 바에. 갈 왕(往)

생각해 보기

미지수라는 단어의 쓰임이 어색한 문장을 골라 보자.

① 내일은 어떻게 될지 미지수다.
② 대한민국의 새해에도 숱한 미지수들이 기다리고 있다.
③ 그의 당선 여부는 가장 확실한 미지수다.
④ 연못의 올챙이가 잘 자라서 무사히 개구리가 될지는 미지수다.

소수와 소수의 차이

바탕 소(素) 숫자 수(數)

소수
素數

0.1이나 0.34 등을 소수라 하는 것은 이해할 수 있는데 29나 31 등을 소수라 하는 것은 이해할 수 없다고? 그래. 나도 중학교 때 헷갈렸었단다. 0보다 크고 1보다 작은 수는 '작을 소(小)'를 써서 소수(小數)라 해. 그리면 1보다 큰 29나 31은 왜 소수라 하냐고? 이때는 '바탕 소(素)'의 소수(素數)야. 1과 자기 자신만으로 나누어떨어지는 1보다 큰 양의 정수를 말하지.

무슨 말인지 모르겠다고? 어떤 단어의 개념을 잘 모를 때는 반대말을 생각하면 이해할 수 있어. 자연수 중에서 소수가 아닌 수를 합성수라 하는데 '합할 합(合)', '이룰 성(成)', '숫자 수(數)'로 다른 수와 결합하여 이루어진 수를 가리킨단다. 4는 2×2로 다른 수와 결합했지? 그러니까 합성수야. 6도 2×3이니까 합성수고. 그런데 2, 3, 5, 7 등은 1을 제외한 두 개의 자연수의 곱으로 나타낼 수 없잖아. 이런 수를 다른 수의 바탕을 이루는 수라는 의미로 '바탕 소(素)'를 써서 소수라 한단다.

소수(小數)와 소수(素數)는 발음도 다르단다. 소수(小數)는 '소~수'처럼 길게 발음해야 하고 소수(素數)는 '솟수'처럼 짧게 발음해야 하지.

'적을 소(少)'를 쓴 소수는 적은 수효라는 의미로 "소수 의견도 존중해야 한다."처럼 쓰이지. '소(小)'는 크기가 작다는 의미로 쓰이고 '소(少)'는 양이 적다는 의미로 쓰이는 거야.

-`\`'/-
한자 뜯어보기

| 소 | 素 | 희다, 바탕

• 소복(素服): 하얗게 차려입은 옷. 옷 복(服)
• 소재(素材): 예술 작품을 만드는 데 바탕이 되는 재료. 재료 재(材)
• 소양(素養): 평소에 닦고 쌓아 바탕이 된 교양. 기를 양(養)

| 소 | 小 | 작다, 짧다

• 축소(縮小): 오그라들게 하여 작게 만듦. 오그라들 축(縮)
• 소심(小心): 작은 마음. 마음이 너그럽지 못하거나 대범하지 못함. 마음 심(心)
• 소탐대실(小貪大失): 작은 것을 탐내다가 큰 것을 잃어버림. 탐할 탐(貪), 잃을 실(失)

생각해 보기

다음 보기 중 한자가 다른 '소수'가 들어간 문장을 골라 보자.

① 2를 제외한 소수는 모두 홀수다.
② 소수가 아닌 수를 합성수라고 한다.
③ 어떤 수가 소수임을 판정하기는 어렵다.
④ 3분의 1을 소수로 나타내면 0.33333…이다.

무리수 두지 마!

없을 무(無) 처리할 리(理) 숫자 수(數)

무리수
無理數

학교에서 무리수는 어떻게 배웠어? 유리수가 아닌 수, 분수로 나타낼 수 없는 수 정도로 배웠지? 혹은 "무한소수에는 순환소수와 비순환소수가 있는데 순환소수는 유리수고 비순환소수는 무리수다."라고도 배웠겠지. 하지만 이 모든 뜻과 '무리수'라는 단어가 이어지지 않아 외우기 참 헷갈렸을 것 같아.

'있을 유(有)', '처리할 리(理)'의 유리수는 분수로 처리할 수 있는 수라는 의미이고, '없을 무(無)', '처리할 리(理)'의 무리수는 분수로 처리할 수 없는 수라는 의미야.

무리수를 분수로 나타낼 수 없고, 소수로 나타내면 순환하지 않는 무한소수가 된단다. 순환은 뭐고 무한소수는 뭐냐고? '돌 순(循)', '돌아올 환(還)'의 순환은 주기적으로 자꾸 되풀이하여 돈다는 의미야. 무한소수는 '없을 무(無)', '한계 한(限)'로 한계가 없는 소수라는 의미지. $\sqrt{2}=1.4142135\cdots$, $\sqrt{3}=1.7320508\cdots$가 무리수야. 일정한 수가 나타나지 않고 다른 수가 계속 나타나지. 물론 루트($\sqrt{}$)가 있다고 해서 모두 무리수인 것은 아냐. 예를 들어 $\sqrt{9}$는 3과 −3이기 때문에 유리수에 속해.

1, 2, 3, …을 왜 자연수라고 하냐고? 자연 속에서 확인할 수 있는 수이기 때문이야. 자연에는 사과 한 개가 있을 뿐 사과 3분의 1개가 나무에서 열리지는 않잖아. 자연이란 '저절로 자(自)', '그럴 연(然)'이야. 저절로 그렇게 된 것이라는 의미란다.

한자 뜯어보기

| 리 | 理 | 다스리다, 처리하다, 이치

- 총리(總理): 모든 일을 다스리는 사람, 행정부를 통할하는 공무원. 모두 총(總)
- 처리(處理): 사건 등을 다루어 문제가 없도록 마무리를 지음. 처리할 처(處)
- 대리(代理): 회사나 기관 등의 조직에서 어떤 직무를 대신해서 처리하는 직위. 또는 그 직위에 있는 사람. 대신할 대(代)

| 수 | 數 | 세다, 숫자, 방법

- 복수(複數): 둘 이상의 수. 겹칠 복(複)
- 등수(等數): 등급을 나누어 그것에 따라 정한 차례. 등급 등(等)
- 술수(術數): 목적을 달성하기 위해 일을 꾸미는 교묘한 생각이나 방법. 꾀 술(術)

생각해 보기

다음 중 무리수가 <u>아닌</u> 것은 무엇일까?

① $\sqrt{3}$

② π

③ $2\sqrt{3}$

④ $\sqrt{4}$

날카로운 각과 둔탁한 각

날카로울 예(銳) 각 각(角)

예각
銳角

동물의 머리에 나 있는 뿔을 '각(角)'이라 하는 것 알지? 소의 뿔은 '소 우(牛)'의 우각이고 사슴의 뿔은 '사슴 녹(鹿)'의 녹각이야. 예각, 직각, 둔각에 '각'을 쓴 이유는 그것들이 동물의 뿔과 비슷하다고 생각되었기 때문이지.

한 점으로부터 뻗어 나간 두 반직선이 이루는 도형을 각(角)이라 해. 두 직선이 만나는 점을 꼭짓점이라 하고 두 반직선을 변이라 하지. 각은 기호 $\angle$로 나타내.

180°를 평각(平角)이라고 불러. 보기에는 각처럼 생기지 않았지만, 한 점에서 나간 두 반직선이 일직선을 이룰 때 평각이 생긴다고 생각하면 돼. 한편 90°를 직각(直角)이라 하는데 '곧을 직(直)'을 써. 한 직선에 수직선이 곧게 내려와서 만든 각이야. 땅에서 곧게 선 모양을 상상하면 되겠다.

90°보다 작은 각을 예각(銳角)이라 하고 90°보다 크고 180°보다 작은 각을 둔각(鈍角)이라 한단다. 날카롭기에 '날카로울 예(銳)'의 예각이고, 둔하기에 '둔할 둔(鈍)'의 둔각이야.

대각선이란 다각형(多角形)에서는 이웃하지 않는 두 꼭짓점을 이은 선분이고, 다면체(多面體)에서는 같은 면 위에 있지 않은 두 꼭짓점을 이은 선분이야. '마주 볼 대(對)', '각 각(角)', '줄 선(線)'으로 마주 보는 각을 이은 선(線)이라는 의미지.

⋰⋰ 한자 뜯어보기

| 예 | 銳 | 날카롭다, 재빠르다

- 예민(銳敏): 감각이나 행동 등이 날카롭고 민첩함. 민첩할 민(敏)
- 첨예(尖銳): 뾰족하고 날카로움. 뾰족할 첨(尖)
- 예의(銳意): 어떤 일을 열심히 잘하려고 단단히 차린 마음. 뜻 의(意)

| 각 | 角 | 각, 뿔, 모퉁이

- 각목(角木): 모서리가 각이 지게 다듬어진 나무. 나무 목(木)
- 두각(頭角): 재능, 학식, 기술 등이 남보다 특히 뛰어남. 머리 두(頭)
- 다각화(多角化): 여러 방면이나 분야에 걸쳐지게 됨. 많을 다(多)

생각해 보기

180°보다 크고 360°보다 작은 각을 이르는 말이 무엇일까? 힌트는 보기의 한자에 있어. 모양을 잘 봐.

① 열각(劣角)　　　　② 요각(凹角)
③ 삼각(三角)　　　　④ 철각(凸角)

선을 곧게 드리우다

수직선
垂直線

드리울 수(垂) 곧을 직(直) 줄 선(線)

수직선이 뭘까? 일정한 간격으로 눈금을 표시하여 수를 대응시킨 직선이기도 하고, 직선과 직선, 직선과 평면 등이 서로 만나 직각을 만드는 선이기도 해. 쓰이는 상황이 달라서 헷갈릴 리는 없을 거니까 걱정할 필요는 없어.

앞의 수직선은 '숫자 수(數)', '곧을 직(直)', '줄 선(線)'으로 숫자를 고른 간격으로 나타낸 직선이라는 뜻이야. 모든 실수는 각각 수직선 위의 한 점에 대응하고 서로 다른 두 실수 사이에는 무수히 많은 실수가 존재한다는 사실, 알고 있지?

뒤의 수직선은 '드리울 수(垂)', '곧을 직(直)', '줄 선(線)'으로 곧게 드리운 선이라는 뜻이야. 다른 직선이나 평면 등에 대해 직각으로 만나는 직선을 가리키는 말이지. '드리운다'는 위에서 아래로 곧게 떨어뜨린다는 의미란다. '납 연(鉛)'을 서서 연직선(鉛直線)이라고도 하는데 실에 납을 매달아 떨어뜨렸기 때문인 것 같아.

타자가 친 공이 포물선을 그리면서 멀리 뻗어 나가 홈런이 되었다는 말을 들어 봤지? 포물선은 물체를 비스듬히 던져올렸을 때 물체가 날아가며 그리는 선이야. 무슨 뜻이냐고? '던질 포(抛)', '물건 물(物)', '줄 선(線)'으로 던진 물건이 만들어 낸 줄이라는 뜻이란다.

한자 뜯어보기

| 수 | 垂 | 드리우다

- 현수막(懸垂幕): 매달아 드리운(늘어뜨린) 막, 선전문이나 구호를 적어 걸어 놓은 막. 매달 현(懸), 막 막(幕)
- 솔선수범(率先垂範) : 거느려서 먼저 하고 드리워서 모범을 보임, 본보기가 되도록 앞장서서 행동함. 거느릴 솔(率), 모범 범(範)

| 직 | 直 | 곧다, 바르다

- 직접(直接): 곧바로 닿도록 함, 중간에 아무것도 끼거나 거치지 않고 바로. 닿을 접(接)
- 단도직입(單刀直入): 한 자루의 칼을 가지고 적진으로 곧바로 들어감, 요점이나 문제의 핵심을 곧바로 말함. 홑 단(單)
- 정직(正直): 사람의 성품이나 마음이 바르고 곧음. 바를 정(正)

생각해 보기

다음 중 다른 수직선을 이야기하고 있는 보기는 무엇일까?

① 수직선은 덧셈과 곱셈의 개념을 이해하는 데 유용해.
② 일정한 직선이나 평면과 직각을 이루는 직선을 말해.
③ 북한에서는 수직선을 드림선이라고 한대.
④ 그래프에서 x축과 y축은 서로 수직이야.

모두 집합! 아, 이게 아닌가?

모을 집(集) 합할 합(合)

집합은 '모을 집(集)', '합할 합(合)'이야. 모은 것, 합해 놓은 것이라는 의미지. '5인 이상 집합 금지', '운동장에 집합하다', '10시에 집합시켰다'에서와 같이 한군데로 모인다, 한군데로 모은다는 의미로 쓰인단다.

하지만 수학에서의 집합은 뜻이 달라. '정수의 집합'에서처럼 범위가 확정된 것의 모임, 어떤 조건에 의해 그 대상을 분명하게 알 수 있는 것들의 모임이라는 뜻이니까.

집합을 이루는 대상 하나하나를 그 집합의 '원소'라 하는데 '근원 원(元)', '바탕 소(素)'로 근원이 되고 바탕이 되는 것이라는 의미란다. 수학에서는 대상을 분명하게 알 수 있으면 집합이 될 수 있지만, 대상을 분명하게 알 수 없으면 집합이 될 수 없어. 그렇기에 '키가 큰 사람의 모임'은 집합이 될 수 없고, '우리 학교에서 키 180㎝ 이상 학생의 모임'은 집합이 될 수 있지.

한자를 배우면 집합의 뜻을 파악하기 쉬워. 여집합의 '여'는 '남을 여(餘)'야. 남은 원소로 이루어진 집합이지. 교집합은 '섞일 교(交)'로 둘 이상의 집합에 동시에 속하는 원소로 이루어진 집합이야. 다른 집합들의 이름도 한자를 통해 추론해 봐.

｜ 집 ｜ 集 ｜ 모으다, 모이다

- 모집(募集): 널리 구하여 모음. 모을 모(募)
- 집회(集會): 여러 사람이 공동의 목적을 위하여 일시적으로 모임. 모일 회(會)
- 시집(詩集): 시를 모아 한데 엮은 책. 시 시(詩)

｜ 합 ｜ 合 ｜ 합하다, 들어맞다

- 결합(結合): 두 대상이 관계를 맺어 뭉치거나 합침. 맺을 결(結)
- 합의(合意): 서로의 의견이 일치함. 뜻 의(意)
- 종합(綜合): 관련된 여러 가지의 것을 한데 모아 합침. 모을 종(綜)

생각해 보기

다음 중 수학적으로 집합이라 할 수 없는 것은 무엇일까?

① 우리 집에 있는 모든 컵
② 11대 서울시의원 중 여성들
③ 올해 영준이네 사과밭에서 수확한 사과 중 200g이 넘는 사과들
④ A 디저트 가게에서 파는 디저트 중 달콤한 것들

둘 이(二) 같을 등(等) 가장자리 변(邊)
석 삼(三) 각 각(角) 모양 형(形)

이등변삼각형
二等邊三角形

이등변삼각형은 '둘 이(二)', '같을 등(等)', '가장자리 변(邊)', '석 삼(三)', '각 각(角)', '모양 형(形)'이야. 두 가장자리 선의 길이가 같고 세 개의 각을 지닌 모양이라고 이해하면 돼. 삼각형에서 두 선이 같으면 자동적으로 두 각의 크기도 같단다.

정삼각형은 세 각이 정확하게 같은 삼각형이야. 세 각이 같으면 세 변도 같단다. 한편 직각삼각형은 한 각이 직각인 삼각형, 둔각삼각형은 한 각이 둔각인 삼각형이야.

삼각형을 한자 그대로 읽으면 세 개의 각이 있는 도형이라는 뜻이야. 그런데 우리는 삼각형을 배울 때 대개 '한 평면에서 일직선 위에 놓여 있지 않은 세 개의 점을 세 개의 선분으로 이은 도형'이라고 배우지. 삼각형(三角形)을 삼변형(三邊形) 혹은 삼점형(三點形)이라고도 할 수 있지만 삼각형으로 하자고 약속했으니까 삼각형이라고 해야 하겠지. 때로는 한자를 보고 나름의 방식으로 이해해야 할 때도 있어.

'이등(二等)'은 '두 번째'라는 의미로도 쓰여. '등(等)'이 '이등변(二等邊)'에서는 '같다'는 의미지만 군대에서 '이등병(二等兵)'에서는 '등수', '등급'이라는 의미지. 그러니까 이등병은 2등 병사라는 뜻이야. 갓 기초 군사 훈련을 받은 사병을 이르는 말이지.

☀ 한자 **뜯어보기**

| 등 | 等 | 같다, 등급, 등수, 무리

- 평등(平等): 차별 없이 고르고 한결같음. 평평할 평(平)
- 열등감(劣等感): 남보다 못하거나 무가치하게 낮추어 평가하는 마음. 뒤떨어질 열(劣), 느낄 감(感)
- 등식(等式): 두 개 이상의 식, 문자, 수가 등호로 이어진 것. 규정 식(式)

| 변 | 邊 | 가장자리, 곁, 모퉁이

- 해변(海邊): 바닷가 또는 바닷가에 있는 지역. 바다 해(海)
- 변방(邊方): 나라의 경계가 되는 변두리 지역. 지역 방(方)
- 관변(官邊): 관청 주변이나 관청 계통. 관청 관(官)

생각해 보기

초등학교 때 배웠겠지만, 지금 다시 다양한 도형의 성질을 짚어 보자. 다음 중 틀린 설명이 있는데 골라 볼래?

① 서로 평행하지 않은 직선 세 개가 만나면 삼각형이 돼.
② 삼각형의 두 변의 길이가 같으면 두 각의 크기도 같아.
③ 예각삼각형은 한 각이 예각인 삼각형이야.
④ 둔각삼각형은 한 각이 둔각이므로 나머지 두 각은 예각이야.

평평할 평(平) 나아갈 행(行)
넉 사(四) 가장자리 변(邊) 모양 형(形)

평행사변형
平行四邊形

'평행'은 '평평할 평(平)' '나아갈 행(行)'으로 평평하게 나란히 간다는 의미야. 두 직선이나 평면을 끝없이 연장하더라도 만나지 않고 나란히 나가는 것을 일컫지.

사각형에는 두 쌍의 대변이 있는데 두 쌍의 대변이 서로 평행한 사각형을 평행사변형이라 해. 한 쌍의 대변만 서로 평행한 사각형은 사다리꼴이지. 사다리 모양이기에 사다리꼴이라 한 거야. 여기서 '꼴'은 한자인 형(形) 대신 쓰였음을 알 수 있겠지?

그런데 이 평행사변형이라는 단어, 초등학교 때는 무작정 외웠던 것 같은데 참 특이한 단어라는 생각이 들어. 다른 사각형을 이르는 단어들과 비교하면 더 그래. 왜 정사각형과 직사각형처럼 각(角)을 쓰지 않고 변(邊)을 쓸까? 아마 평행사변형의 변이 가진 특징을 더 살리기 위함이 아닐까 싶어.

평행사변형의 중요한 특징이 있어. 두 쌍의 대변 길이가 같고, 대각의 크기가 각각 같다는 것이며. 두 대각선은 서로를 이등분한다는 것이란다.

계속 도형이라는 말이 나오는데 '그림 도(圖)', '모양 형(形)'으로 그림으로 그려놓은 모양이라는 뜻이야. 점·선·면·입체 또는 이들 집합으로 이루어진 것을 말하기도 하지만, 엄밀히 말해 점 한 개도 도형으로 분류되지.

한자 뜯어보기

| 형 | 形 | 모양, 꼴, 얼굴, 세력, 이치

- 성형(成形): 일정한 형체를 만듦. 이룰 성(成)
- 지형(地形): 땅의 모양. 땅 지(地)
- 형세(形勢): 일이 되어 가는 모양새. 형세 세(勢)

| 행 | 行 | 나아가다, 행위, 가게

- 여행(旅行): 유람을 목적으로 객지를 돌아다님. 나그네 여(旅)
- 관행(慣行): 지금껏 해오던 버릇대로 함. 버릇 관(慣)
- 은행(銀行): 화폐를 주고받는 가게. 화폐 은(銀)

생각해 보기

다음 중 평행사변형에 대한 설명이 <u>아닌</u> 것은 무엇일까?

① 두 쌍의 대변의 길이가 각각 같아.
② 두 쌍의 이웃하는 각의 크기가 각각 같아.
③ 두 대각선은 서로를 이등분해.
④ 평행사변형의 넓이 공식은 (밑변)×(높이)야.

확실할 확(確) 비율 률(率)

확률
確率

대다수의 수학자는 로또 복권을 사지 않는다고 해. 1등에 당첨될 확률이 814
만 분의 1이고 그 1이 자신일 가능성은 아주아주 적다는 걸 알기 때문이겠지.
확률은 확실함에 대한 비율이라는 뜻이야. 비율이 뭐냐고? '견줄 비(比)' '비율
률(率)'로 둘 이상의 수나 양을 견주어 그 관계가 서로 몇 배가 되느냐를 수치
로 나타낸 것이란다.

그러니까 확률이란 일정한 조건에서 하나의 사건이 일어날 가능성을 수로 나
타낸 것이야.

주사위를 던졌을 때 1이 나올 확률은 6분의 1이야. 주사위는 정육면체로 한
면이 위를 향할 가능성은 모든 면이 똑같기 때문이야. 동전을 던졌을 때 앞면
이 나올 확률은 2분의 1이겠지.

확률은 1을 넘을 수 없고 음수가 될 수도 없어. 그러니까 확률이 1이면 반드
시 일어난다는 이야기고 확률이 0이면 절대로 일어나지 않는다는 이야기가
되겠지.

통계에 따르면 자동차 사고가 났을 때 안전벨트를 착용한 경우 사망률은 50퍼센트로 줄어들고 에어백이 있으면 생존률은 11퍼센트 높아진다고 해. 소설에서 삶의 의미를 찾는 것처럼, 확률과 통계에서 어떻게 살아야 할지에 대한 해답도 찾으면 좋을 것 같아.

한자 뜯어보기

| 확 | 確 | 확실하다, 굳다, 강하다

- 확인(確認): 확실히 인정하거나 알아봄. 인정할 인(認)
- 확보(確保): 무엇을 확실하게 마련하거나 갖춤. 지킬 보(保)
- 확립(確立): 체계, 견해, 조직 등을 흔들리거나 변형되지 않도록 만듦. 세울 립(立)

| 률 | 率 | 비율(모음이나 'ㄴ' 받침 뒤에서는 '율'), 거느리다(솔)

- 환율(換率): 한 나라의 화폐와 외국 화폐의 교환 비율. 바꿀 환(換)
- 합격률(合格率): 지원자 수에 대한 합격자 수의 비율. 합할 합(合), 바로잡을 격(格)
- 건폐율(建蔽率): 건물이 덮은 비율, 건축 면적의 땅 면적에 대한 비율. 건물 건(建), 덮을 폐(蔽)

생각해 보기

다음 중 확률에 대해 틀린 설명을 골라 봐.

① 확률은 1을 넘을 수 없어.

② 확률을 퍼센트(%)로 표시하기도 해.

③ 확률이 0이라면 일어날 가능성이 전혀 없다는 뜻이야.

④ 같은 동전을 7번 던졌는데 7번 다 앞면이 나왔다면 다음에 던졌을 때는 뒷면이 나올 확률이 조금 더 높아.

'원주'에 '율'이 더해진

원주율
圓周率

동그라미 원(圓) 둘레 주(周) 비율 율(率)

'파이 데이'가 있다는 것 아니? 원주율, 즉 파이(π)를 기리기 위해 유네스코에서 공식적으로 지정한 날이야. 학생들에게 수학에 대한 흥미와 자신감을 키워 주기 위해서 만들었다고 해. 그 날짜는 3월 14일이야. 비로 원주율의 근삿값인 3.14에서 따 왔지.

원주율은 '동그라미 원(圓)', '둘레 주(周)', '비율 률(率)'로 동그라미 둘레의 비율이라는 뜻이야. 무엇을 기준으로 하냐고? 지름이야. 그러니까 원주율이란 원주와 지름의 비율을 말하지. 어떤 원의 지름이 1cm라면 원둘레의 길이는 약 3.14cm가 된다는 이야기인 거야.

원의 비밀은 모든 원의 원주율이 같다는 데 있어. 이 원주율을 이용해 원의 둘레와 넓이를 구할 수 있지. 때문에 원주율은 수학에서 다루는 가장 중요한 개념 중 하나야.

매년 파이 데이에는 수학 탐구 프로그램과 함께 파이를 누가 많이 먹는지 대결하는 대회, 원주율 외우기 시합 등 재미있는 경기들이 펼쳐진다고 해. 우리나라에서도 매년 열리니 한번 찾아서 참여해 보면 좋겠다.

원주 위에 두 점을 찍으면 원이 두 개로 나누어지는데, 이때 두 점 사이를 '호'라 해. 그리고 두 점을 잇는 직선을 '현'이라 하지. 헷갈린다고? 호가 '활 호(弧)'라는 것만 기억해. 호가 활 모양 이니 곡선이라고 연상하면 돼

-_{한자} 뜯어보기

| 원 | 圓 | 동그라미, 둥글다, 둘레, 혹은 전부

· 일원(一圓): 일정한 범위의 어느 지역 전부. 하나 일(一)
· 원반(圓盤): 쟁반 모양으로 둥글넓적하게 생긴 물건. 쟁반 반(盤)
· 원활(圓滑): 모난 데가 없고 원만함. 미끄러울 활(滑)

| 주 | 周 | 둘레, 널리, 두루, 돌다

· 주변(周邊): 어떤 대상의 가장자리. 가장자리 변(邊)
· 주선(周旋): 일이 잘되도록 이리저리 힘을 씀. 돌 선(旋)
· 일주(一周): 넓은 일정한 지역을 한 바퀴 돎. 하나 일(一)

생각해 보기

우리는 원주율을 직접 숫자로 쓰지 않고 기호 π라고 쓰고 있어. 그 이유는 바로 원주율이 _____이기 때문이야. 밑줄에 들어갈 단어가 무엇일까? 답은 56쪽의 주제어이기도 해!

① 유리수   ② 분수
③ 자연수   ④ 무리수

'약속할 약'이 아니라 '묶을 약'

가장 최(最) 큰 대(大)
함께할 공(公) 묶을 약(約) 숫자 수(數)

최대공약수
最大公約數

약수는 '묶을 약(約)', '숫자 수(數)'로 '같은 덩어리로 묶을 수 있는 수'라는 의미야. 10개를 2개씩 묶으면 5덩어리가 되지? 그래서 2는 10의 약수야. 따라서 같은 덩어리로 묶을 수 없으면 약수라고 할 수 없지. 예를 들어 10을 3개씩 묶으면 3개씩 묶은 3덩어리가 생기고 하나가 남으니 3은 10의 약수가 아니지.

공약수의 '공'은 '함께할 공(公)'이야. 여러 약수 중 함께하는 약수라는 의미지. 그러니까 둘 이상의 정수들이 똑같은 수를 약수로 가진다면 그것이 공약수야. 예를 들어 12의 약수는 1, 2, 3, 4, 6, 12고 18의 약수는 1, 2, 3, 6, 9, 18이야. 여기서 공약수는 1, 2, 3, 6이지. 이 중 가장(最) 큰(大) 공약수를 최대공약수라고 불러.

약수는 수학 시간에 우리를 엄청 괴롭혔지. 약수를 구하는 방법, 약수의 개수를 구하는 방법, 약수를 알아보는 방법, 그리고 약수를 응용한 어려운 수학 문제까지. 별로 정이 가지 않는 개념이지? 하지만 약수를 구하고 활용할 줄 알아야 수학을 잘할 수 있어.

단어의 뜻을 알았다면, 이제 최소공약수를 구하지 않는 이유를 알 수 있지? 자연수에서 최소공약수는 무조건 1이기 때문이야. 모든 자연수는 1로 나눌 수 있거든. 그리고 최대공배수는 구할 수 없어. 배수는 무한히 커지기 때문이야.

한자 뜯어보기

| 최 | 最 | 가장, 모두

- 최첨단(最尖端): 유행이나 기술 수준의 맨 앞. 뾰족할 첨(尖), 끝 단(端)
- 최혜국(最惠國): 가장 큰 혜택을 받는 나라. 은혜 혜(惠)
- 최신예(最新銳): 가장 새롭게 나타나서 빼어남. 새로울 신(新), 날카로울 예(銳)

| 공 | 公 | 함께하다, 여럿, 공평, 공적, 널리

- 공교육(公敎育): 국가가 제도적으로 시행하는 제도권 내 교육. 가르칠 교(敎), 기를 육(育)
- 공지(公知): 세상에 널리 알림. 알릴 지(知)
- 공해(公害): 산업의 발달에 따라 사람이나 생물이 널리 입게 되는 여러 가지 피해. 해할 해(害)

생각해 보기

최소공배수는 가장 최(最), _____, 함께할 공(公), 곱 배(倍), 숫자 수(數)를 써. 밑줄에 들어갈 한자가 무엇일까? 최소공배수의 뜻을 생각하면 쉬워.

① 바 소(所) 　　　② 작을 소(小)

③ 사라질 소(消) 　　④ 이을 소(紹)

상수항
常數項

항상 상(常) 숫자 수(數) 항목 항(項)

수학 공부를 할 때 듣는 말이 있지. 항, 상수항, 다항식, 단항식 등등. 그런데 '항'이라는 한자를 제대로 본 적이 있을까?

항은 수 또는 문자의 곱으로 이루어진 식을 말해. 이때 '항'은 '항목 항(項)'이야. 식에서 한 항목을 가리키는 말이지. 식에서 항목을 어떻게 구분하냐고? 곱셈으로 이루어져 있으면 한 덩어리로 본다는 규칙만 알면 돼. $x^2 - 5x + 6 = 0$에서 항은 x^2, $-5x$, 6이지. 항의 뜻을 알았으니 이제 '항'이 붙은 용어들을 알아보자.

수식 등에서 늘 일정하여 변하지 않는 값을 지닌 수나 양을 상수라고 해. '항상 상(常)'자를 써서 항상 그대로의 수, 변함이 없는 수라는 의미야. 여기에 항(項)이 덧붙여진 상수항(常數項)은 항상 그대로의 수만으로 이루어진 항, 다항식이나 방정식에서 변수를 포함하지 않는 항을 말해. 그러니까 수로만 이루어진 항을 가리킨단다.

항들을 덧셈으로 연결한 $5x+3y-5$와 같은 식을 다항식이라 해. 앞의 식에서 상수항은 -5라는 사실을 알겠지? 단항식도 있냐고? 있어. 한 개의 항으로 이루어진 식이 단항식이야. x^2, $5xy$처럼 숫자와 문자의 곱으로만 이루어지지.

| 상 | 常 | 항상, 보통

- 상임(常任): 일정한 일을 항상 맡음. 맡을 임(任)
- 상식(常識): 보통의 지식. 지식 식(識)
- 이상(異常): 보통과 다름. 정상적인 것과 다름. 다를 이(異)

| 항 | 項 | 항목, 조목, 목덜미

- 사항(事項): 일의 항목이나 내용. 일 사(事)
- 이항(移項): 등식, 부등식의 한 변에 있는 항을 그 부호를 바꿔 다른 변으로 옮기는 일. 옮길 이(移)
- 결항(結項): 목숨을 끊기 위하여 목을 매어 닮. 맺을 결(結)

생각해 보기

x^2+5x+6에서 상수항은 무엇일까? 또 $5x+3y-5$에서 상수항은 무엇일까? 모두 뽑아 보자.

① 0, 5, 6
② -5, 6
③ 0, 3, 5, 6
④ 5x, 6

인수는 사람 이름이 아니다

원인 인(因) 숫자 수(數)
나눌 분(分) 풀 해(解)

인수분해
因數分解

인수분해는 주어진 다항식을 몇 개의 간단한 인수의 곱으로 나타내는 일을 가리켜. '인수'로 '분해'한다는 뜻이야. 분해는 '나눌 분(分)', '풀 해(解)'로 결합하여 이루어진 것을 낱낱으로 나누고 풀어낸다는 뜻이지.

그렇다면 인수가 뭔지 알아야 할 차례야. 인(因)은 '원인' 혹은 '말미암다'라는 뜻이야. 원인이 되는 수식이나 수가 인수인 거지. 예를 들어 $6 = 2 \times 3$을 생각해 보자. 2와 3이 곱해져 6을 이루었으므로, 2와 3은 6을 만든 원인이라고 생각할 수 있겠지? 따라서 2와 3은 6의 인수야.

이렇게 한자로 보면 쉽지? 그런데 인수의 뜻을 사전에서 찾아보면 '정수 또는 정식을 몇 개의 곱의 꼴로 했을 때에, 그것의 각 구성 요소를 이르는 말.'이라고 나와 있어. 말이 너무 어렵지? 한자를 몰랐으면 제대로 알기 어려웠겠다는 생각이 들어.

인수의 '수(數)'는 수를 의미하기도 하지만 수식을 의미하기도 해. 그래서 문자가 포함된 다항식 역시 인수분해할 수 있지.

소인수분해는 수를 소인수로 나누고 풀어내는 일이야. 여기서 소인수란 인수들 중 소수만을 말해. 소수는 앞에서 이미 본 적이 있지? '바탕 소(素)'를 써서 바탕이 되는 수를 뜻해. 약수가 1과 자기 자신뿐인 양의 정수를 가리키지.

`☀️ 한자 뜯어보기`

| 인 | 因 | 원인, 말미암다

- 인과성(因果性): 원인과 결과로 맺어지는 관계. 결과 과(果)
- 인자(因子): 어떤 결과나 작용의 원인이 되는 요소. 아들 자(子)
- 수인성(水因性): 물로 말미암아 옮겨지는 성질. 물 수(水)

| 해 | 解 | 풀다, 풀이하다, 이해하다

- 독해(讀解): 글을 읽어서 뜻을 이해함. 읽을 독(讀)
- 해이(解弛): 긴장이나 규율 따위가 풀려 마음이 느슨함. 느슨할 이(弛)
- 해부(解剖): 생물체를 갈라 헤쳐 그 내부 구조와 각 부분 사이의 관련 및 병인이나 사인을 조사하는 일. 가를 부(剖)

`생각해 보기`

이번 꼭지에서 배운 다양한 한자들에 대한 설명 중 옳지 않은 것을 골라 봐.

① 인자란 어떤 결과나 작용의 원인이 되는 요소를 말한다.
② 글을 읽어서 뜻을 이해하는 것을 독해라 한다.
③ 소인수분해는 수를 소인수로 나누어 풀어내는 일을 말한다.
④ '소인수'의 '소'는 '작을 소(小)'다.

방정식
方程式

방법 방(方) 정도 정(程) 식 식(式)

등호(=)로 연결된 식을 우리는 등식이라고 불러. 등호와 등식에 쓰인 등은 '같을 등(等)'으로, '등호를 기준으로 좌우가 같음'을 의미해.

등식에는 항등식이 있고 방정식이 있어. '언제나 항(恒)', '같을 등(等)'의 항등식은 언제나 좌우가 같은 식이라는 의미야. 어떤 수를 대입해도 항상 성립하는 등식을 일컫지.

반면 방정식은 '방법 방(方)', '정도 정(程)'자를 써. 방법과 정도에 따라 참 혹은 거짓이 결정된다는 의미야. 그러니까 변수가 특정한 값을 취할 때만 성립하는 등식이 방정식이지.

방정식에서 찾아야 할 것은 바로 근이야. 등식을 성립시키는 특정한 값을 가리켜. '뿌리 근(根)'이지. 뿌리만큼 중요하다는 뜻으로 이해하면 돼. 근을 해라고도 부르는데 '풀 해(解)'를 쓴단다.

왜 방정식에 일차 혹은 이차라는 단어를 붙일까? 차(次)는 '번(횟수)'이라는 의미야. 즉 문자를 포함한 방정식에서 문자가 몇 번 곱해졌는지를 나타내지. 그러니까 이차방정식은 x가 두 번 곱해진 항이 있는 방정식이야. 가장 높은 차수(次數)를 기준으로 이름 붙이지. 차수란 차의 수야.

| 방 | 方 | 방법, 네모, 지역, 방향

- 방편(方便): 일을 쉽고 편하게 치를 수 있는 수단과 방법. 편할 편(便)
- 방침(方針): 일을 처리해 나갈 방향이나 계획. 찌를 침(針)
- 변방(邊方): 나라의 경계가 되는 변두리 지역. 가장자리 변(邊)

| 정 | 程 | 정도, 법, 한도

- 공정(工程): 작업이나 만드는 과정. 만들 공(工)
- 정도(程度): 얼마의 분량. 정도 도(度)
- 상정(上程): 토의할 안건을 회의에 내어놓음. 올릴 상(上)

생각해 보기

방정식은 변수가 특정한 값을 취할 때만 성립하는 식이라고 했지. 그렇다면 다음 중 방정식이 <u>아닌</u> 것은 무엇일까?

① $ax+bx=(a+b)x$

② $(x+1)^2=3$

③ $x-y=7$

④ $x+3=9$

함수의 '함'이 사물함의 '함'과 같다고?

상자 함(函) 수 수(數)

함수
函數

교과서에 나와 있는 함수의 뜻을 다시 읽어 보자.

"두 변수(變數) x, y에 대하여, x의 값이 정해짐에 따라 y의 값이 정해질 때, y를 x의 함수(函數)라 한다. y=f(x)로 나타낸다."

정말 어렵다. 한자로 살펴보자.

'함'은 '상자 함(函)'이야. 우편함(郵便函), 사물함(私物函), 분리수거함(分離收去函) 등에 쓰는 바로 그 함이 맞아.

그렇다면 왜 '상자 함(函)'일까? 넣는 것에 따라서 나오는 것이 정해져 있는 상자에 비유했다고 이해하면 돼. 예를 들어 들어온 것에 3을 곱하는 상자가 있다고 생각해 봐. 이 상자에 100원을 넣으면 300원이 나오고 300원을 넣으면 900원이 나오지.

이 상자는 일정한 규칙을 가지고 있어서 들어오는 값에 따라 결과를 다르게 뱉어. 따라서 함수의 한자를 곰곰이 생각해 보면, 함수는 수 자체를 이야기한다기보다는 대응 관계를 뜻함을 알 수 있어. 그러니까 어떤 변수가 다른 변수의 변화에 따라 일정한 법칙으로 변화하는 모습을 기술하면서 나온 게 함수라고 이해하면 돼. 변수가 뭐냐고? '변할 변(變)'을 쓰는 변수는 여러 가지 값으로 변할 수 있는 수라는 의미야.

함께 알면 좋아요

변수(變數)는 '어떤 정세나 상황이 변할 수 있는 요인'이라는 의미로도 많이 쓰인단다. "여론이 정책 결정에 변수로 등장했다."처럼 쓰이지.

한자 뜯어보기

| 함 | 函 | 상자

- 사물함(私物函): 개인의 물건을 넣어 두는 상자. 개인 사(私)
- 적재함(積載函): 짐을 쌓을 수 있도록 만들어 놓은 상자. 쌓을 적(積), 실을 재(載)
- 문서함(文書函): 문서를 넣어 두는 조그만 상자. 글 문(文)

| 변 | 變 | 변하다, 바뀌다, 재앙

- 변성암(變成巖): 온도, 압력 따위의 영향이나 화학적 작용을 받아 변질하여 이루어진 암석. 성질 성(成), 바위 암(巖)
- 변덕(變德): 이랬다저랬다 잘 변하는 태도나 성질. 베풀 덕(德)
- 사변(事變): 사람의 힘으로는 피할 수 없는 천재(天災), 혹은 그 밖의 큰 사건. 일 사(事)

생각해 보기

함수에서 하나의 변수는 하나의 다른 변수와 대응되는데 이를 _____이라고 해. 빈칸에 들어갈 말은 무엇일까?

① 일대다대응
② 일대일대응
③ 다대일대응
④ 다대다대응

방법에 따라 다른 수치가 나올 수 있다고?

한데 묶을 통(統) 계산할 계(計)

통계
統計

"통계가 나왔다.", "통계 결과를 분석했다.", "통계에 의하면"이라는 말 들어봤지? '한데 묶을 통(統)', '계산할 계(計)'를 쓴 통계는 모두 한데 묶어서 계산한다는 뜻이야. 한눈에 알아보기 쉽게 일정한 체계에 따라 숫자로 나타내는 일을 말하지. 통계는 사회의 발전과 함께 발달해 왔는데, 오늘날의 사회생활과 과학은 통계 없이는 존재할 수 없다고 이야기하는 사람이 많아.

조사 내용의 특성을 수량으로 나타낸 것을 변량이라고 하는데 '변할 변(變)' '양 량(量)'을 써. 변화하는 양이라는 의미지. 이 변량을 나눈 구간을 계급이라 하는데 '계단 계(階)', '등급 급(級)'으로 계단처럼 나눈 등급이라는 뜻이야.

도수라는 용어의 한자도 알고 싶다고? '헤아릴 도(度)', '수 수(數)'로 헤아려서 나타낸 수라는 뜻이야. 통계 자료의 각 계급에 해당하는 수량을 가리키지.

통계에서 그 계급에 해당하는 경우가 가장 많은 것을 최빈값이라 해. '가장 최(最)', '자주 빈 (頻)'으로 가장 자주(많이) 있는 값이라는 의미야. 도수가 가장 큰 수라고 이해하면 좋을 거야. 혹시 '가난할 빈(貧)'이라고 생각했니?

한자 뜯어보기

| 통 | 統 | 거느리다, 한데 묶다, 근본

- 통합(統合): 조직이나 기구 등을 거느려 하나로 합침. 합할 합(合)
- 통수권(統帥權): 나라의 병력을 거느리는 권한. 거느릴 수(帥)
- 전통(傳統): 전해져 오는 근본적인 것. 전할 전(傳)

| 계 | 計 | 계산하다, 헤아리다, 계획, 꾀

- 계산(計算): 자기에게 이해득실이 있는지 따짐. 셀 산(算)
- 생계비(生計費): 살아갈 계획을 세우는데 필요한 비용. 비용 비(費)
- 계략(計略): 일을 이루기 위한 꾀나 수단. 다스릴 략(略)

생각해 보기

통계학은 _____(으)로 얻은 데이터로부터 의미 있는 결과를 뽑아내는 학문 이야. 밑줄에 들어갈 말로 적절한 것은 무엇일까?

① 서적
② 조사
③ 분석
④ 정리

상대적인 정도를 나타낸 숫자

서로 상(相) 대할 대(對)
정도 도(度) 수 수(數)

상대도수
相對度數

상대도수는 '상대'와 '도수'가 합해진 말이야. '상대'가 무슨 뜻이냐고? '서로 상(相)', '대할 대(對)'로 서로 대한다는 의미인데 보통은 '다른 것과 비교해서'라는 의미로 많이 쓰이지.

도수는 앞에서 본 적이 있지? '정도 도(度)', '수 수(數)'로 통계에서는 각 계급에 해당하는 수량을 말한다고 했어. 사건이 일어난 횟수라고 이해해도 좋아. 그러니까 상대도수란 총 도수에 대한 각 도수의 비율을 말해.

다음의 표를 볼까? 우리 반 학생들이 턱걸이를 한 결과야.

턱걸이를 14개 이상 한 학생이 20명 중 1명이니까 상대도수는 1을 20으로 나눈 0.05야. 한편 하나도 못하거나 1개만 한 학생이 4명이기에 1개 이하 학생의 상대도수는 0.2지.

턱걸이 횟수	학생수	상대도수
14개 이상	1	0.05
10개~13개	3	0.15
6개~9개	7	0.35
2개~5개	5	0.25
1개 이하	4	0.2
계	20	1

누적은 '포갤 누(累)', '쌓을 적(積)'으로 포개고 쌓는다는 의미야. 거듭하여 반복되거나 겹쳐 늘어난 것을 말하지. 그러니까 누적도수는 도수분포표의 처음 계급의 도수부터 어떤 계급의 도수까지 차례로 더해서 얻은 값을 말한단다. 84쪽의 표에서 6개 이상의 누적도수는 11이 되겠지.

☀ **한자 뜯어보기**

| 도 | 度 | 법도, 정도, 횟수, 단위

· 온도(溫度): 따뜻한 정도. 따뜻할 온(溫)
· 태도(態度): 어떤 일이나 상황 따위를 대하는 마음가짐, 또는 그 마음가짐이 드러난 자세. 모습 태(態)
· 과도(過度): 정도가 지나침. 지나칠 과(過)

| 대 | 對 | 대하다, 만나다

· 대외(對外): 외부 또는 외국을 상대로 함. 바깥 외(外)
· 대화(對話): 서로 대한 상태로 이야기를 주고받음. 말할 화(話)
· 대인관계(對人關係): 사람을 대하고 사귀고 하는 일. 걸릴 계(係)

생각해 보기

상대도수는 전체에 대한 특정 도수의 _____을 쉽게 비교하기 위해 계산해. 밑줄에 들어갈 말이 무엇일까?

① 비율   ② 절댓값
③ 분포   ④ 평균

□ 여당 야당   □ 선정성   □ 일사부재리   □ 독과점
□ 기간산업   □ 무역   □ 법치주의   □ 봉건제
□ 여론   □ 피선거권   □ 민족자결주의   □ 집행유예
□ 경제   □ 경상비   □ 아열대
□ 감가상각   □ 사대주의   □ 상소

3장

사회
社會

서로 입장이 뒤바뀌는

더불어 여(與) 무리 당(黨)
들 야(野) 무리 당(黨)

여당 야당
與黨 野黨

여당과 야당은 왜 날마다 싸울까? 그것을 궁금해하기 전에 왜 여당이라 하고 왜 야당이라 하는지에 대해 의문을 품으면 좋을 것 같아.

여당은 '더불어 여(與)', '무리 당(黨)'으로 정부와 더불어 활동하는 무리라는 뜻이야. 그리고 '들 야(野)'의 야당은 들판에서 비바람 맞으며 고생하는 정당이라는 뜻이지.

대통령 선거에서 승리한 당의 사람들이 국무총리를 비롯하여 모든 부처의 장관을 하고 대통령 비서실 등 모든 중요한 직책을 맡는다는 것은 알지? 야당이 되면 아무 직책도 맡지 못하고 들판에서 비바람 맞으면서 힘들게 지내야 하지.

여당 야당은 정해져 있는 것이 아니라 대통령 선거 결과에 따라 결정돼. 음지가 양지 되고 양지가 음지 되듯이, 대통령 선거에서 승리하면 여당이 되는 것이고 대통령 선거에서 패배하면 야당이 되는 것이란다.

여소야대란 여당은 작고 야당이 크다는 의미야. 전체 국회의원 중에 여당 국회의원 수보다 야당 국회의원 수가 많은 상황을 일컫지. 행정부를 장악한 여당이 국회에서는 야당의 힘에 밀릴 때 쓰는 표현이야. 이럴 때는 대화와 타협의 지혜가 필요하겠지?

─ᕯ─ **한자** 뜯어보기

│ 당 │ 黨 │ 무리, 한동아리

- 정당(政黨): 정치에 대한 이념이 같은 사람들이 정치적 이상을 실현하기 위하여 조직한 단체. 정치 정(政)
- 당정(黨政): 정당과 정부, 일반적으로는 여당과 정부를 가리킴. 정부 정(政)
- 당리당략(黨利黨略): 정당의 이익과 그 이익을 위한 정치적 계략. 이익 리(利), 책략 략(略)

│ 야 │ 野 │ 들, 시골, 거칠다, 서툴다

- 야구(野球): 들판에서 하는 공놀이. 공 구(球)
- 야심(野心): 들판에서 고생하면서 품은 마음, 마음속에 품고 있는 욕망, 남을 해치려는 마음. 마음 심(心)
- 야산(野山): 들판에 있는 산, 들 부근에 있는 나지막한 산. 산 산(山)

생각해 보기

여소야대 상황에서는 어떤 일이 벌어질까 상상해 봤니? 잘못 예측하고 있는 친구를 골라 봐.

① 대통령이 국회의 도움을 받기 어렵겠어.
② 행정부와 입법부가 서로 어긋나면 될 일도 잘 안 될 듯?
③ 어차피 행정부는 여당이 지배하고 있으니 대통령이 뚝심 있게 밀어붙여야지.
④ 여당이 대화로 야당과 타협을 이룰 수 있는 지혜가 필요하겠네.

기초와 줄기가 되는 산업

기초 기(基) 줄기 간(幹)
만들 산(産) 일 업(業)

기간산업
基幹産業

기간산업을 육성하는 일이 중요하다는 이야기는 많이 들어 봤지? 철강, 석탄, 전력, 조선업 등을 기간산업이라 하는데 '기초 기(基)'에 '줄기 간(幹)'을 써. 기초가 되고 줄기가 되는 산업이라는 의미지. 다른 산업을 발전시키는 데 꼭 필요하며 한 나라 산업의 기초를 이루는 산업을 가리킨단다.

'기간'은 산업에만 덧붙이는 것이 아니라 아주 중요한 것을 일컬을 때도 사용하곤 해. 기초나 줄기처럼 중요하다는 의미니까. 군에서 일반 병사를 기간병(基幹兵)이라 하는데 군에서 가장 중요하고 실질적 역할을 담당하기에 붙여진 이름이야. 단체에서 중심 역할을 하는 사람은 '기간요원(基幹要員)'이라고도 하지.

동음이의어로 '일정한 어느 시기부터 다른 어느 시기까지의 동안'이라는 '기간'도 있는데 이때는 '기한 기(期)' '사이 간(間)'이란다.

사양산업(斜陽産業)이란 경제나 기술혁신 등의 변화에 적절하게 대응하지 못하고 쇠퇴해 가는 산업을 말해. '기울 사(斜)', '볕 양(陽)'으로 기울어지는 햇볕이라는 의미야. 새로운 것에 밀려서 점점 몰락해 가는 것을 비유할 때 사용하지. 피사의 사탑은 기울어진 탑이기에 사탑(斜塔)이라고 이름 붙였단다.

-`,',-
한자 뜯어보기

│ 기 │ 基 │ 기초, 비롯하다

• 기판(基板): 기본이 되는 판, 전기 회로가 편성되어 있는 판. 널빤지 판(板)
• 기지(基地): 기초가 되는 땅, 활동의 기점이 되는 근거지. 땅 지(地)
• 기조연설(基調演說): 정당의 대표가 국회에서 자기 당(黨)의 기본 정책을 설명하는 연설. 고를 조(調)

│ 산 │ 産 │ 만들다, 낳다, 생기다, 재산

• 공산주의(共産主義): 재산의 공동 소유가 옳다고 주장하는 사상. 함께 공(共)
• 원산지(原産地): 물건이 만들어진 지역, 동식물이 맨 처음 자라난 곳. 근원 원(原)
• 파산(破産): 재산을 모두 잃고 망함. 깨뜨릴 파(破)

생각해 보기

다음 중 기간산업의 '기간'과 뜻이 같은 단어가 들어 있는 문장은?

① 조선은 유교가 기간이 되는 도덕을 정치 이념으로 삼았다.
② 일정 기간 수업을 쉽니다.
③ 문화재 발굴 작업은 오랜 기간에 걸쳐 진행되었다.
④ 그는 위염으로 상당 기간 치료를 받았다.

신문과 방송이 만드는

여론
與論

더불어 여(與) 생각할 론(論)

'여론을 존중하는 정치를 해야 한다'라 하고, '여론이 찬성 쪽으로 기울었다'라
고도 하지? '여론을 조작하는 여론조사를 중단하라'라는 이야기를 듣기도 해.
많은 사람의 공통된 의견을 여론이라 하는데 '더불어 여(與)', '논의할 론(論)'
으로 더불어서 논의한 내용이라는 뜻이야. 한 사람의 생각이 아니라 여러 사
람의 생각이라는 의미인 거지. 사람들의 생각은 각각 다른데 그중 가장 많은
사람이 옳다고 생각하는 의견, 가장 많은 지지를 받고 있다고 인정되는 의견
이라고 이해하면 좋을 것 같아.

대중매체와 SNS 등을 이용해 여론을 조작하려는 사람들도 있어. 여론을 사
회의 어느 특수 이익을 위해 이용하는 세력도 분명 있지.

여론조사(與論調査)라는 말 들어 보았지? 평소에도 많이 이야기되지만, 선거
때에는 유독 뉴스에 많이 등장하지. 선거 등 여러 가지 문제에 대한 사회 대
중의 의견을 조사하는 일이야.

사회 대중의 의견이 모이지 않고 갈라져서 나누어지는 일을 여론분열(與論分
裂)이라 하는데 '나눌 분(分)', '찢어질 열(裂)'로 나누어지고 찢어진다는 의미
란다.

대의 민주주의 사회에서 정치인들은 여론을 수렴하기 위해 노력해. 지지를 받아 다음 선거에서 이기기 위해서야. '대신할 대(代)', '의논할 의(議)'의 대의는 국민을 대신하여 의논한다는 뜻이야. 한편 '거둘 수(收)', '모을 렴(斂)'의 수렴은 '여론을 거두고 모으는 일'이라는 뜻이란다.

| 여 | 與 | 더불어, 주다, 참여하다

· 여민동락(與民同樂): 백성과 더불어 함께 즐김. 즐길 락(樂)
· 부여(附與): 지니거나 갖도록 해 줌. 붙을 부(附)
· 참여(參與): 참가하여 함께 함. 간여할 참(參)

| 론 | 論 | 생각하다, 논의하다

· 흑백논리(黑白論理): 흑과 백으로만 구분하고 다른 것은 인정하지 않는 사고방식. 이론 리(理)
· 공리공론(空理空論): 헛된 이치와 헛된 논의, 사실에 맞지 않은 논의. 헛될 공(空)
· 탁상공론(卓上空論): 탁자 위에서만 펼치는 헛된 논의, 실현성 없는 허황한 이론. 탁자 탁(卓)

생각해 보기

이번 꼭지에서 배운 다양한 한자들에 대한 설명 중 옳지 <u>않은</u> 것을 골라 봐.

① 여론은 더불어 생각한 내용이라는 뜻이다.
② 분열은 '나눌 분(分)', '찢어질 열(裂)'을 쓴다.
③ '여(與)'는 '더불어'와 '주다'라는 의미로 많이 쓰인다.
④ 여민동락은 백성에게 즐거움을 준다는 의미다.

중요한 건 맞지만 가장 중요한 것은 아닌

경제
經濟

다스릴 경(經) 구제할 제(濟)

오늘날 가장 중요한 단어처럼 여겨지는 경제. 경제 활동, 경제 성장률 등의 말을 하는데 정작 경제의 뜻을 모르는 사람이 많아.

경제는 '경세제민(經世濟民)'에서 나온 말이야. '다스릴 경(經)' '세상 세(世)' '구제할 제(濟)' '백성 민(民)'으로 세상을 다스리고 백성을 구제한다는 의미지. 인간 생활에 필요한 물건이나 서비스를 생산하고 분배하며 소비하는 모든 활동을 일컫는단다.

'경제적(經濟的)'은 "경제적 성공을 기대한다."처럼 '생활에 필요한 것들을 생산하고 분배하고 소비하는 모든 활동에 관한'이라는 뜻이야. 그런데 '비용이나 시간이나 노력 등을 적게 들이는 일'이라는 의미로 쓰이기도 한단다. 연료를 가장 적게 소모하면서 최대 거리를 갈 수 있는 빠르기를 '경제속도'라 하고, 높은 문화생활은 누리되 지출량은 줄이는 일을 '경제적 소비'라고 하는 것이야. 요즘 많이 쓰이는 신조어인 '가성비(가격 대비 성능의 비율)'와 비슷한 의미란다.

경제활동인구(經濟活動人口)는 만 15세 이상의 인구 중, 노동 능력과 노동 의사가 있는 모든 사람을 가리킨단다. 취업자와 실업자를 모두 포함하지. 뉴스나 통계를 볼 때 자주 등장하니까 같이 알아두면 좋아.

-`\'/'_{한자} 뜯어보기

| 경 | 經 | 다스리다, 지나다, 경영하다, 세로, 경서

- 경험(經驗): 실지로 보고 듣거나 몸소 겪음. 시험 험(驗)
- 경위(經緯): 일이 되어 온 과정이나 경로. 씨 위(緯)
- 성경(聖經): 하느님이 하신 약속의 말씀을 담은 경전. 성스러울 성(聖)

| 제 | 濟 | 건너다, 구제하다

- 제도(濟度): 모든 중생을 구제하여 열반의 언덕으로 건너게 함. 건널 도(度)
- 구제(救濟): 어려움이나 위험에 빠진 사람을 돕거나 구하여 줌. 건질 구(救)
- 경제 정의(經濟正義): 경제 활동에 관한 올바른 도리. 옳을 의(義)

생각해 보기

'경제'가 들어가는 문장들 중 뜻이 미묘하게 <u>다른</u> 것이 있어. 무엇일까?

① 한국 경제가 발전하고 있습니다.
② 세계 경제가 침체 기조입니다.
③ 국가 간 경제 협력 방안이 논의되고 있습니다.
④ 새로 시행되는 정책이 비경제적이라는 지적을 받고 있습니다.

이것까지 계산해야 정확한

덜 감(減) 값 가(價)
보상할 상(償) 물리칠 각(却)

감가상각
減價償却

감가상각이라는 말 들어 보았을 거야. 토지를 제외한 고정 자산에 생기는 가치의 소모를 셈하는 회계상의 절차를 말해. 자동차 등 기계는 사용함에 따라 가치가 소모(消耗)되잖아. 이것을 계산하여 그 자산 가격을 낮춰 가는 일을 '감가상각(減價償却)'이라고 하는 거야. '덜 감(減)', '값 가(價)', '보상할 상(償)', '없앨 각(却)'으로 값이 덜어졌기 때문에 자산(資産)의 가격을 보상해 주거나 없애 준다는 의미지. 토지는 왜 제외하냐고? 토지는 오래 사용해도 값이 덜어지지 않기 때문이야.

예를 들어 보자. 자가용을 이용할 때와 대중교통을 이용할 때의 비용을 계산할 때 기름값과 교통요금만으로 비교하는 것은 현명하지 못해. 왜냐하면, 자동차가 주행할 때 기름만 없어지는 것이 아니라 자동차 부품도 닳아 없어지기 때문이지. 4천만 원에 산 차가 2년 후 3천만 원이 되었다면 2년 동안 1천만 원이 사라진 셈이니까.

에누리와 할인도 감가와 비슷한 말이야. 할인은 '나눌 할(割)', '끌어당길 인(引)'으로 값을 나누어서 끌어당겨 내린다는 의미지. 100만 원을 10만 원씩 나누면 10만 원이 10개가 되잖아. 그중 하나인 10만 원을 내려 주고 90만 원만 받으면 10% 할인이야.

☆☆☆ 한자 뜯어보기

| 감 | 減 | 덜다, 줄다, 죽이다

• 감원(減員): 조직이나 기관의 사람 수를 줄임. 사람 원(員)
• 감축(減縮): 양이나 수효를 덜어서 줄임. 줄일 축(縮)
• 감면(減免): 세금이나 형벌 등을 일정하게 줄이거나 면제함. 면할 면(免)

| 각 | 却 | 물리치다, 물러나다

• 각하(却下): 받아들이지 않고 물리침. 내릴 하(下)
• 기각(棄却): 무효로 하거나 취소하여 물리침. 버릴 기(棄)
• 망각(忘却): 어떤 사실을 잊어버림, 기억에서 사라진 상태. 잊을 망(忘)

생각해 보기

오래 사용해도 가치가 떨어지지 않는 자산이 뭐라고 했더라?

① 건물
② 기계
③ 공장
④ 토지

선정성
煽情性

부추길 선(煽) 감정 정(情) 성질 성(性)

'시청률만 의식한 방송 매체의 선정성이 위험 수위에 도달했다.' 혹은 '오락 프로그램의 선정성과 무절제가 청소년의 정신에 좋지 못한 영향을 미친다.' 라는 이야기를 들어 보았을 기야. 선정성이 뭘까? '부추길 선(煽)', '감정 정(情)', '성질 성(性)'으로 감정을 부추긴다는 뜻이야. 어떤 감정이나 욕망을 부추기어 일으키는 일을 말하는데 보통은 성적인 욕구나 폭력을 북돋우어 일으킬 때 쓰는 표현이란다. 원초적인 감정을 부적절한 방법으로 끌어내기 때문에 부정적인 의미로 많이 쓰이지.

'부추길 선(煽)'이 들어간 단어에 '선동'도 있어. '부추길 선(煽)', '움직일 동(動)'으로 남을 부추기어 어떤 사상을 갖게 하거나 행동을 하도록 조장하는 일을 말하지. 혹시 음악 실력이 뛰어나 군 복무를 문선대에서 했다는 이야기 들어 본 적 있니? 노래, 춤, 풍물, 영상 등의 문화 활동을 담당하는 조직을 문선대라 하는데 '문화 문(文)', '부추길 선(煽)', '무리 대(隊)'로 문화 활동으로 감정을 북돋워 주는 무리라는 뜻이란다.

'당선작으로 선정했다.'에서의 선정은 '가릴 선(選)', '정할 정(定)'으로 여럿 가운데서 어떤 것을 뽑아 정한다는 뜻이야. '선정을 베풀었다.'에서의 선정은 '착할 선(善)', '정치 정(政)'으로 백성을 바르고 착하게 잘 다스리는 정치라는 뜻이란다.

-☀- 한자 뜯어보기

| 선 | 煽 | 부채질하다, 세차다, 성하다

· 선란(煽亂): 선동하여 소란을 일으킴. 어지러울 란(亂)
· 선동원(煽動員): 선동하는 일을 맡은 사람. 인원 원(員)
· 선혹(煽惑): 부추겨 현혹하게 함. 미혹할 혹(惑)

| 성 | 性 | 성질, 성품, 모습, 남녀의 구별

· 성질(性質): 본디부터 가지고 있는 고유의 본바탕. 바탕 질(質)
· 개성(個性): 개인이 가지는 고유한 취향이나 특성. 개인 개(個)
· 효율성(效率性): 노력에 비하여 훌륭한 결과를 얻을 수 있는 성질. 효과 효(效), 비율 율(率)

생각해 보기

다음은 '선정성'이 들어간 다양한 문장이야. 이 중 쓰임이 적절하지 <u>않은</u> 문장은 무엇일까?

① 프로듀서 김선우 씨는 최근 불거진 아이돌 산업의 선정성 논란을 이해하지 못하겠다며 말문을 열었습니다.
② 그 작품은 선정성이 약하다는 비판을 받았습니다.
③ 아, 그 영화 봤는데 선정성이 지나치더라고.
④ 인터넷신문은 선정성을 지양해야 한다.

장사와는 조금 달라

장사할 무(貿) 바꿀 역(易)

무역
貿易

상품, 기술, 용역 등을 교환하거나 사고파는 경제 활동을 무역(貿易)이라 해. '장사할 무(貿)', '바꿀 역(易)'으로 나라와 나라 사이에 장사하고 물건을 바꾸는 일이라는 뜻이지. 용역이란 '쓸 용(用)', '시킬 역(役)'으로 사람을 써서 일을 시킨다는 의미야. 생산과 소비에 필요한 노동력을 제공하는 것을 말하지.

무역과 비슷한 말에 수출입이 있어. 수출과 수입을 아울러 이르는 말인데 '수'는 '나를 수(輸)'고 '출'은 '나갈 출(出)'이며 '입'은 '들어올 입(入)'이야. 자기 나라의 물품을 다른 나라에 팔아 내보냄은 수출(輸出)이고 외국의 물품을 사들이는 일은 수입(輸入)이야. 교역도 비슷한 말인데 '서로 교(交)', '바꿀 역(易)'으로 서로 바꾼다는 의미란다. 통상도 비슷한 말인데 '오고 갈 통(通)', '장사 상(商)'으로 오가며 장사한다는 뜻이야.

'무역수지'라는 말 들어 봤지? '수입 수(收)', '지출 지(支)'를 쓴 수지는 수입과 지출을 아울러 이르는 말이야. 그러니까 무역수지(貿易收支)는 일정 기간에 나라와 나라 사이에 사고팔았던 상품의 총 수입액과 총 수출액을 비교한 거야. 한편 무역외수지(貿易外收支)는 물건을 사고파는 행위를 제외한 관광, 보험, 운송 등의 수입과 지출을 비교한 거란다.

자유무역과 보호무역의 차이가 뭘까? 국가가 무역에 간섭하지 않는 정책은 자유무역이고, 국가가 자기 나라의 생산품을 보호하고자 관세나 수입 할당제 등의 방법으로 무역에 간섭하는 정책은 보호무역이란다.

한자 뜯어보기

무 │ 貿 │ 장사하다, 바꾸다

- 밀무역(密貿易): 세관을 통하지 않고 비밀리에 물건을 사고파는 활동. 숨길 밀(密)
- 무역풍(貿易風): 범선(돛을 단 배) 시대에 무역하는 데 이용했던 바람. 바람 풍(風)
- 중계 무역(中繼貿易): 물품을 수입하여 원형 그대로 수출하는 거래 방식. 이을 계(繼)

역 │ 易 │ 바꾸다(역), 쉽다(이), 주역(역)

- 역성혁명(易姓革命): 성씨를 바꾸는 혁명, 왕조가 바뀌는 일. 성씨 성(姓)
- 교역로(交易路): 물건을 사고팔고 바꾸기 위하여 지나다니는 길. 서로 교(交)
- 역술(易術): 주역(周易)을 바탕으로 사람의 운명을 점치는 기술. 재주 술(術)

생각해 보기

무역수지를 계산할 때 들어가지 <u>않는</u> 것이 무엇일까?

① 핸드폰을 수출하고 받은 돈
② 외국 관광객이 우리나라에서 쓴 돈
③ 드라마 판권을 수출하고 받은 돈
④ SNS 이모티콘을 수출하고 받은 돈

피선거권
被選擧權

당할 피(被) 선택할 선(選) 들 거(擧) 권리 권(權)

다른 단어들과 마찬가지로 '피선거권'도 한 글자 한 글자의 뜻을 알면 전체 단어의 뜻을 저절로 알 수 있어. 그뿐 아니라 오래 기억할 수도 있지. '피'는 '당하다', '선거'는 선택하여 들어 올리다, '권'은 권리라는 뜻이란다.

'피선거권은 선거에 입후보하여 당선될 수 있는 권리'라는 사전 속 설명은 이해하기도 암기하기도 어려운 설명이야. 하지만 한자를 따라서 '피선거권은 '당할 피(被)', '선택할 선(選)', '들 거(擧)', '권리 권(權)'으로 선거를 당할 권리, 선택되어서 들어 올림을 당할 권리, 그러니까 후보자로 나설 수 있는 권리, 출마할 수 있는 권리'라고 설명하면 외우기도 쉽고 완벽에 가까운 설명이 되는 거야.

반대로 선거권은 선거할 수 있는 권리야. 적합하다고 생각되는 사람, 양심 있고 능력 있는 사람을 들어 올릴 권리를 말해. 선거권이 있는 사람을 선거권자라고도 하고 유권자라고도 하는데 유권자는 '있을 유(有)', '권리 권(權)'으로 권리가 있는 사람이라는 의미란다.

우리나라는 선거일 기준 만 18세 이상의 모든 국민에게 선거권이 주어지고 있어. 피선거권은 선거권과 나이 제한이 달라. 국회의원 등의 피선거권은 선거권과 똑같은 만 18세지만 대통령 피선거권은 만 40세란다.

한자 뜯어보기

| 피 | 被 | 당하다, 입다

- 피고인(被告人): 고소나 고발을 당한 사람. 알릴 고(告)
- 피사체(被寫體): 사진이나 영화를 찍을 때 그 대상이 되는 물체. 베낄 사(寫)
- 피랍(被拉): 납치를 당함. 데려갈 랍(拉)

| 선 | 選 | 가리다, 뽑다, 선택하다

- 선수(選手): 많은 사람 중에서 대표로 뽑힌 사람. 사람 수(手)
- 선발(選拔): 여러 가운데에서 어떤 대상을 가려서 뽑음. 뽑을 발(拔)
- 경선(競選): 두 사람 이상의 후보가 경쟁하는 선거. 다툴 경(競)

생각해 보기

다음 보기 중 선거권과 피선거권에 대해 사실과 다른 이야기는?

① 피선거권은 선거를 당할 권리야.
② 만 20살에게는 대통령 피선거권이 있어.
③ 선거권은 선거를 할 권리야.
④ 경선은 '겨룰 경(競)', '선택할 선(選)'을 써.

경상비
經常費

변하지 않을 경(經) 항상 상(常) 비용 비(費)

'경상비'라는 단어를 심심찮게 만나지? "경상비 지출이 많다" "경상비를 줄일 방법을 연구해야 한다" 등.

경상은 '변하지 않을 경(經)', '항상 상(常)'으로 변하지 않고 항상 일정하다는 의미야. 여기에 '비용 비(費)'가 덧붙여진 경상비(經常費)는 매년 똑같이 반복하여 지출되는 일정한 종류의 경비를 가리키지. 경상지출(經常支出)이라고도 해. 경상비는 매년 필요한 경비이므로 예산을 편성할 때 경상수입을 기본으로 고려해야 한단다.

경상수입은 또 뭐냐고? 회계 연도마다 변하지 않고(經) 항상(常) 들어오는 수입이야. 즉 규칙적으로 반복해 들어오는 수입을 가리켜. 국가에서는 세금, 수수료, 전매수입이 경상수입이야.

경조사비도 비슷하냐고? 아니야. 경조사비는 '경사스러울 경(慶)', '조문할 조(弔)', '일 사(事)' 비용 비(費)'야. 경사스러운 일을 축하하고 궂은일을 위로하기 위해 주는 돈을 말한단다.

'중상자 10명, 경상자 31명이 발생했다'에서의 경상은 '가벼울 경(輕)' '다칠 상(傷)'으로 가볍게 조금 다쳤다는 의미야. '무거울 중(重)'의 중상(重傷)은 심하게 다쳤다는 의미지.

한자 뜯어보기

| 비 | 費 | 쓰다, 소비하다, 비용

• 연비(燃費): 자동차가 단위 주행 거리 또는 단위 시간당 소비하는 연료의 양. 탈 연(燃)
• 낭비(浪費): 시간이나 재물 따위를 헛되이 헤프게 씀. 함부로 낭(浪)
• 판공비(辦公費): 공무를 처리하는 데 드는 비용. 또는 그런 명목으로 주는 돈. 힘들일 판(辦), 여러 사람 공(公)

| 지 | 支 | 값을 주다, 지탱하다, 헤아리다

• 지급(支給): 돈이나 물품 따위를 정하여진 몫만큼 내줌. 줄 급(給)
• 지탱(支撑): 오래 버티거나 배겨 냄. 버틸 탱(撑)
• 지지(支持): 어떤 사람이나 단체의 정책이나 의견에 찬동하여 이를 위하여 힘을 씀. 또는 그 원조. 잡을 지(持)

생각해 보기

경상비를 줄이는 수단이나 방법도 중요해. 회사에서 경상비를 줄이는 다양한 방법 중 가장 합리적으로 보이는 방법은 어떤 걸까?

① 사람을 해고하고 그 사람의 일을 남은 직원들과 나누기
② 매년 2번 하던 안전 점검을 1번만 하기
③ 정기적으로 했던 물품 구매를 필요할 때마다 신청해서 구입하기
④ 직원 복지 감축

사대주의
事大主義

섬길 사(事) 큰 나라 대(大)
중심 주(主) 뜻 의(義)

'사대'는 '섬길 사(事)', '큰 나라 대(大)'야. 큰 나라를 섬기는 일이지. '사(事)'는 일이나 사건이라는 의미 아니냐고? 맞아. 그런 의미로 많이 쓰이지. 그런데 '섬기다'는 의미로도 쓰인단다. 나라를 섬김에 충성심으로 해야 한나는 '사군이충(事君以忠)', 어버이를 섬김에 효성으로 해야 한다는 '사친이효(事親以孝)'가 그것이지.

사대주의(事大主義)는 작고 약한 나라가 크고 강한 나라를 섬기고 그에 의지하여 자기 나라의 존립을 유지하려는 입장이나 태도를 말해. 선진국과의 협상 과정에서 주체적이지 못하고 당당하게 주장을 펼치지 못하는 것이나, 미국 대통령의 말 한마디에 과잉 반응하는 것도 사대주의지.

요즘은 문화사대주의라는 말도 쓰이고 있어. 큰 나라는 문화까지 우월하다고 여겨서 큰 나라의 문화를 높이 평가하고 따라가려는 주의야. 당연히 자기 나라의 문화는 업신여기고 낮게 평가하겠지. 영어를 우월한 언어로 여기는 것이나 외국 제품을 선호하는 것도 문화사대주의라고 할 수 있어.

문화상대주의도 있단다. 인류 문화는 다양하게 만들어져 제각기 독자적인 방향으로 발전하기 때문에 그 우열을 가릴 수 없다고 보는 견해나 관점을 말해. '상대주의'는 '상대인정주의'로 이해하는 게 좋아. 안전사고를 '안전미비사고'로 이해해야 옳은 것처럼.

‑ᅵ‑ 한자 뜯어보기

ㅣ 사 ㅣ 事 ㅣ 일, 섬기다

- 인사(人事): 임용, 해임, 평가 등 사람과 관계되는 일. 사람 인(人)
- 사유서(事由書): 일에 대한 이유를 적은 글. 말미암을 유(由)
- 다반사(茶飯事): 차 마시는 일이나 밥 먹는 일처럼 늘 있는 일. 차 다(茶), 밥 반(飯)

ㅣ 주 ㅣ 主 ㅣ 중심, 주인, 주체, 줏대

- 위주(爲主): 으뜸으로 삼음. 할 위(爲)
- 주관(主觀): 자신만의 견해나 관점. 볼 관(觀)
- 주관(主管): 어떤 일을 책임지고 맡아 관리함. 맡을 관(管)

생각해 보기

사전에 나와 있는 사대주의의 정의는 '_____ 없이 세력이 강한 나라나 사람을 받들어 섬기는 태도.'야. 밑줄에 들어갈 단어는 무엇일까?

① 의존성
② 자존심
③ 주체성
④ 수용성

돌이킬 수 없는

일사부재리
一事不再理

하나 일(一) 사건 사(事)
아니 부(不) 다시 재(再) 처리할 리(理)

축구, 야구, 스케이팅 등 운동경기에 비디오 판독이 이루어지고 있다는 것 알지? 심판이 보긴 보았지만 못 본 것도 있고 잘못 본 것도 있을 수 있잖아. 정확한 판결을 위해, 또 억울한 일이 없게 하려고 비디오 판독을 하는 거란다.

재판도 마찬가지야. 판사가 잘못된 판결을 할 수 있어. 3심제도를 시행하는 이유지. 대법원 판결도 억울할 수 있다고? 그렇긴 하지만 적당한 선에서 마무리해야 하는 것도 분명해. 그래서 일사부재리 원칙을 만든 거란다.

일사부재리는 '하나 일(一)', '사건 사(事)', '아니 부(不)', '다시 재(再)', '처리할 리(理)'로 한 번 처리된 사건은 다시 처리하지 않는다는 뜻이야. 판결이 확정되면 다시 공소를 제기할 수 없다는 원칙이지. 형사소송에만 적용되고 민사소송에는 이 원칙이 적용되지 않아. '不'는 '불'로 발음하는 게 일반적이지만 부동산(不動産)이나 부족(不足)에서처럼 'ㄷ'이나 'ㅈ' 앞에서는 '부'로 발음한다는 것은 알고 있지?

'일사부재의'는 다른 것이냐고? 물론 다르지. '처리할 리(理)'가 아니라 '의논할 의(議)'니까. 한 번 결정된 일은 다시 의논하지 않는다는 뜻이야. 의회에서 한 번 부결된 안건은 같은 회기 중에는 다시 의논할 수 없다는 원칙이지.

한자 뜯어보기

│ 일 │ 一 │ 하나, 첫째, 모조리

- 일방(一方): 어느 한쪽이나 방향. 방향 방(方)
- 시종일관(始終一貫): 처음부터 끝까지 하나로 꿰맴. 꿸 관(貫)
- 일반화(一般化): 전체에 두루 걸치는 것이 됨. 돌 반(般)

│ 재 │ 再 │ 다시

- 재활용(再活用): 용도를 바꾸거나 고쳐서 다시 이용함. 쓸 용(用)
- 재개발(再開發): 다시 개발함. 다시 새로 지음. 발전시킬 발(發)
- 재수생(再修生): 다시 닦는 사람, 다시 공부하는 학생. 닦을 수(修), 사람 생(生)

생각해 보기

일사부재리의 원칙에도 예외는 존재하지. 어떤 경우일까?

① 나중에 다시 보니 형량이 너무 적을 경우
② 판사의 판단에 따라 필요할 경우
③ 위조된 증거로 유죄를 받았을 경우
④ 예전에는 합법이라도 지금 법률로는 불법일 경우

좋은 법이어야 한다

법률 법(法) **다스릴 치**(治)
중심 주(主) **뜻 의**(義)

법치주의
法治主義

"법치주의 국가에 살고 있으므로…,"라 말하고 "법치주의 사회에서 당연한 일
이다."라 말하는 걸 들어 봤을 거야. '법 법(法)', '다스릴 치(治)'의 법치주의는
법으로 다스리는 것이 옳다는 생각이야. 권력자가 제멋대로 하도록 내버려 두
어서는 안 된다는 이야기이고, 국가 권력을 행사할 때에는 국민의 의사를 대
변하는 국회에서 만든 법률에 근거해야 한다는 근대 입헌 국가의 정치 원리라
고 할 수 있어. 여기에서의 '법(法)'은 판사들이 판결할 때 참고하는 형벌뿐 아
니라 국가의 강제력을 수반하는 온갖 사회 규범까지 포함해. 왕의 권력이 절
대적인 절대주의 국가를 부정함으로써 성립한 근대 시민국가의 정치 원리지.
하지만 법에 따른다고 다 좋은 법치주의는 아니야. 독재자가 자기 입맛에 맞
는 법을 만들고 그 법에 따라 지배하면 그건 법치주의의 탈을 쓴 독재에 불과
하니까. 정의에 맞는 법, 합리적인 법을 만들고 그 법에 따라 통치하는 것이
진정한 의미의 법치주의야. 그러려면 국회에서 국민의 기본권을 보장하고 공
정한 사회를 만드는 좋은 법을 만들어야겠지.

춘추전국시대에 도덕보다도 법을 중요하게 여겼던 학자들이 있었어. 형벌을 엄하게 하는 것이 나라를 다스리는 기본이라고 주장했는데 이런 학자들을 법가(法家)라 했지. 한비자가 대표적인 인물이야. 군주 권력의 절대화를 통해 부국강병의 실현을 정치의 목표로 삼았어.

☀️ 한자 뜯어보기

| 법 | 法 | 형벌, 방법, 본받다

• 형법(刑法): 형벌에 관해 규정한 법률 체계. 형벌 형(刑)
• 편법(便法): 간편하고 쉬운 방법. 편할 편(便)
• 수사법(修辭法): 말과 글을 꾸미고 다듬는 방법. 고칠 수(修), 말 사(辭)

| 치 | 治 | 다스리다

• 자치(自治): 스스로 다스림. 스스로 자(自)
• 치안(治安): 다스려 편안하게 함. 편안할 안(安)
• 난치병(難治病): 치료하기 어려운 병. 어려울 난(難)

생각해 보기

이번 꼭지에서 배운 다양한 한자들에 대한 설명 중 옳지 <u>않은</u> 것을 골라 봐.

① 법가 학자들은 형벌을 엄하게 집행해야 한다고 주장했다.
② 법치주의는 국가 권력의 행사는 법률에 근거해야 한다는 정치 원리다.
③ 말과 글을 꾸미고 다듬는 방법을 수사법이라 한다.
④ 편법은 한쪽으로 치우친 나쁜 방법이다.

내 일은 내가 직접 결정한다

민족 민(民) 거레 족(族) 스스로 자(自)
결정할 결(決) 중심 주(主) 뜻 의(義)

민족자결주의
民族自決主義

민족자결주의, 들어 봤지? 1918년에 윌슨 미국 대통령이 주장하였는데 민족의 문제는 그 민족 스스로 결정해야 한다는 주장이었어. 자결이 '스스로 자(自)', '결정할 결(決)'로 스스로 결정한다는 뜻이거든. 즉 한자의 뜻을 풀면, 민족의 문제를 스스로 결정하자는 주의야.

민족자결주의는 강대국의 식민지로 있던 여러 약소민족에게 희망이 되었어. 강대국의 부당한 지배에서 벗어나 자신들의 국가를 세울 수 있다는 희망과 용기를 주었던 거야. 이 주장은 일본에 유학 중인 우리나라 학생들에게 큰 자극제가 되었고 2.8 독립선언의 도화선이 되었으며 3.1 운동에도 영향을 주었다고 해.

민족자결주의 이전에 루소의 '자유주의'가 있었어. 모든 인간은 개인으로서의 기본적 인권을 지니고 있다는 주장이었지. 이러한 주장은 프랑스 혁명에 반영되어 개인의 기본권을 보장하는 민주주의가 싹텄다고 할 수 있지. 민족자결주의는 개인의 인권 개념이 민족이라는 거대 공동체에까지 적용된 것이라 할 수 있어.

3.1 운동은 '민족자결주의'의 영향을 받아 일어났지. 1919년 3월 1일에 시작된 이 운동은 2개월이 넘는 기간 동안 200만 명 이상이 참여했어. 3.1 운동이 아니라 '민족독립운동'으로 이름 붙였다면 더 좋았을 것 같은데.

⊱ 한자 뜯어보기

| 민 | 民 | 백성

- 민간(民間): 일반 백성들 사이. 공적인 기관에 속하지 않음. 사이 간(間)
- 민주(民主): 국민이 주인이 되는 정치 형태. 주인 주(主)
- 민요(民謠): 민중들 사이에서 생겨나 전해지는 노래. 노래 요(謠)

| 족 | 族 | 겨레, 무리

- 가족(家族): 부부를 중심으로 자녀와 손주 등으로 구성된 집단. 집 가(家)
- 유족(遺族): 죽은 사람의 남아 있는 가족. 남을 유(遺)
- 호족(豪族): 부유하고 세력이 있는 집안. 호걸 호(豪)

생각해 보기

3.1 운동이 몇 년도에 일어났는지 기억해? 이 정도는 외워두자!

① 1917년
② 1918년
③ 1919년
④ 1920년

'아'가 '버금'이라는 의미라고?

아열대
亞熱帶

버금 아(亞) 뜨거울 열(熱) 지역 대(帶)

열대와 온대의 중간 지대를 아열대라 한다는 것 아니? '버금 아(亞)' '뜨거울 열(熱)', '지역 대(帶)'로 버금 뜨거운 지역이라는 의미야. '버금'이 무슨 뜻이냐고? '두 번째' '바로 아래'라는 의미야. '버금가다' '버금딸림음'이라고 말하잖아. 아열대(亞熱帶)는 남·북 위도 각각 25~35도 사이의 지대야. 기온은 높으나 비는 적게 오는 곳이라고 해. 비가 적기 때문에 초원이나 사막을 이루는 곳이 많겠지. 사하라, 칼라하리, 아라비아, 파키스탄, 호주의 내륙 분지성 사막이 이에 해당한단다.

다른 기후들의 이름도 알아보자. 열대기후는 '뜨거울 열(熱)' '지역 대(帶)'로 뜨거운 지역의 기후야. 가장 추운 달의 평균 기온이 18℃ 이상이고 기온의 연교차보다 일교차가 크다고 해. '따뜻할 온(溫)'의 온대기후는 사계절의 변화가 뚜렷한 기후야. 온화하고 강수량도 적합하여 사람이 살기에 가장 알맞은 기후지. '차가울 한(寒)'의 한대기후는 가장 따뜻한 달의 평균 기온이 10℃ 미만이어서 나무가 자랄 수 없는 기후란다. 냉대기후는 온대기후와 한대기후의 중간적 성격을 띠는 기후야. 차가울 냉(冷)을 써.

기후는 지형에 따라 다르기도 해. 높은 산이나 고원 지역은 같은 위도에 있는 다른 지역보다 기온이 낮지. 이런 지역의 기후를 고산기후라고 한단다. 기온 변화가 작고 구름과 안개가 잘 생기며 풍속과 일사가 강한 특징을 가지고 있지.

한자 뜯어보기

| 아 | 亞 | 버금, 아시아(Asia의 음차)

• 아류(亞流): 버금가게 만든 것, 뛰어난 점을 모방함. 흐를 류(流)
• 아연(亞鉛): 버금가는 납. 납과 닮은 금속이라 하여 붙여진 이름. 납 연(鉛)
• 동북아(東北亞): 아시아의 동쪽과 북쪽 지역. 한국, 중국, 일본.

| 대 | 帶 | 띠, 지대, 잇다

• 연대(連帶): 띠로 이음, 한 덩어리로 서로 굳게 뭉침. 이을 연(連)
• 지대(地帶): 공통적인 특성으로 묶이는 구역. 지역 지(地)
• 공감대(共感帶): 의견, 감정, 생각이 서로 같다고 느끼는 부분. 함께 공(共), 느낄 감(感)

생각해 보기

만약 _____(이)가 지속되면, 온대기후인 우리나라도 아열대기후가 될 가능성이 아주 높아. 빈칸에 들어갈 말이 무엇일까?

① 탄소 배출
② 태양복사
③ 태양 폭발
④ 핵실험

제발 제 이야기 좀 들어 주세요

위 상(上) 하소연할 소(訴)

상소
上訴

재판관이 법률에 근거하여 양심에 따라 재판을 하지만 누군가에게는 억울할
수 있어. 억울함을 풀어주고 더욱 공정하고 정확한 재판을 하는 게 필요하지.
그래서 서로 다른 계급의 법원에서 반복해서 재판하도록 하고 있는데 이런 제
도를 '상소'라 한단다. '위 상(上)' '하소연할 소(訴)'로 위에 하소연한다는 뜻이
야. 하급 법원의 판결을 받아들이지 않고 상급 법원에 다시 한번 심판해 달라
고 요구하는 것을 말해.

상소에는 항소와 상고가 있어. 항소는 '거부할 항(抗)', '하소연할 소(訴)'로 지
방법원의 판결을 거부하고 고등법원에 하소연한다는 뜻이야. 상고는 '위 상
(上)', '알릴 고(告)'로 위에 있는 대법원에 억울함을 알린다는 뜻이고.

재판하지 않고 분쟁 해결을 할 수 있는 제도도 있는데 조정과 중재가 그것이
야. 조정은 '조절할 조(調)', '멈출 정(停)'으로 잘 조절하여 분쟁을 멈추게 한
다는 의미란다. 법원이 쌍방의 양보를 통한 합의를 끌어내는 일을 말하지. 중
재는 '가운데 중(仲)' '결단할 재(裁)'로 가운데에서 결단하도록 한다는 의미야.
서로 화해시키는 일이지. 조정은 당사자가 받아들이지 않아도 괜찮지만, 중
재는 받아들이지 않으면 처벌을 받게 된다고 해.

상소라는 말을 사극에서 많이 봤지? 신하가 자신의 뜻을 글로써 임금에게 전하는 행위, 혹은 그 글을 말해. 여기에서의 소는 소통할 소(疏)야. 임금과 신하가 글로써 소통한다는 뜻이지.

-\ '/-
한자 **뜯어보기**

| 상 | 上 | 위, 올리다, 오르다

- 옥상(屋上): 건물 위. 집 옥(屋)
- 향상(向上): 수준이 이전보다 높아짐. 향할 향(向)
- 상성(上聲): 처음은 낮고 차차 올라가는 소리. 소리 성(聲)

| 소 | 訴 | 하소연하다

- 호소(呼訴): 억울하고 원통함을 하소연함. 부를 호(呼)
- 고소(告訴): 수사 기관에 범죄를 신고하여 법적 처리를 구하는 일. 알릴 고(告)
- 기소(起訴): 검사가 형사 사건에 대하여 법원에 심판을 요구함. 일으킬 기(起)

생각해 보기

다음 중 소(訴)가 쓰이지 <u>않은</u> 단어는 무엇일까?

① 호소　　　　　　② 기소
③ 고소　　　　　　④ 소망

독점과 과점을 합쳐서

독과점
獨寡占

홀로 독(獨) 적을 과(寡) 차지할 점(占)

하나의 기업이 시장을 점유하고 있는 상태를 독점이라 하고, 두서너 개의 기업이 시장을 장악하고 있는 상태를 과점이라 해. '홀로 독(獨)', '차지할 점(占)'의 독점은 하나의 기업이 시장을 차지한다는 뜻이고, '적을 과(寡)', '차지할 점(占)'의 과점은 적은 수의 기업이 시장을 차지한다는 의미야. 독과점은 독점과 과점을 합하여 일컫는 말로, 한마디로 경쟁이 없는 시장 형태라고 할 수 있지.

독과점이 가져오는 문제점 중 하나는 가격이 높아져 소비자들을 힘들게 한다는 점이야. 독과점 기업이 자기 마음대로 값을 올려도 소비자는 사지 않을 수 없기 때문이지. 제품의 질이 향상되지 않는다는 점도 독과점의 문제란다. 경쟁이 없으므로 기술 개발을 통한 제품의 질 향상에 노력하지 않게 되거든. 이런 이유로 우리나라는 1981년부터 '독점규제 및 공정거래에 관한 법률'을 시행하여 독과점을 규제해 오고 있단다.

스크린 독과점은 대형 배급사가 공급하는 영화가 대부분의 상영관을 점유하는 일을 말해. 이런 문제를 해결하기 위해 스크린 상한제를 만들었어. '위 상(上)', '한계 한(限)'의 상한제는 위에 한계가 있다는 뜻으로 특정 영화의 상영관 수를 제한하는 제도를 말해.

한자 뜯어보기

| 과 | 寡 | 적다

• 중과부적(衆寡不敵): 많은 것을 적은 수효로는 맞서지 못함. 많을 중(衆)
• 과문(寡聞): 보고 들은 것이 적음. 들을 문(聞)
• 과묵(寡默): 말이 적고 침착함. 없을 묵(默)

| 점 | 占 | 차지하다, 점치다

• 점유율(占有率): 어느 하나가 차지하고 있는 영역의 비율. 비율 율(率)
• 점령군(占領軍): 일정 지역을 차지하여 다스리는 군대. 다스릴 령(領), 군사 군(軍)
• 점괘(占卦): 점을 쳐서 나오는 괘. 길흉화복(吉凶禍福)을 알아내는 일. 점괘 괘(卦)

생각해 보기

〈독과점 규제 및 공정거래에 관한 법률〉을 효과적으로 시행하기 위해 _____ 거래위원회가 설치되었어. 밑줄에 들어갈 단어가 뭘까?

① 선점　　　　　　　　② 거점
③ 윤리　　　　　　　　④ 공정

봉건제
封建制

봉할 봉(封) 세울 건(建) 제도 제(制)

"봉건제를 무너뜨리기 위해서 힘을 모아 싸웠다."라는 말, 들어 봤지? 느낌상 나쁜 제도라는 것은 알겠는데 무슨 뜻인지 모르겠다고? '봉할 봉(封)', '세울 건(建)'이야. 제후로 봉해주고 주인으로 세워주는 제도라는 뜻이지. '봉하다'는 임금이 신하에게 일정 정도의 땅을 주고 영주로 삼는 일이야. 영주는 또 뭐냐고? '다스릴 영(領)', '주인 주(主)'로 다스리는 주인이야. 토지의 소유자를 말하지. 영주는 자기가 다스리는 지역의 모든 권리를 독점하고 농민들을 혹독하게 다스렸어. 지주가 소작인을 착취했던 것처럼.

한 마디로 봉건제는 임금이 제후에게 나라의 토지를 나누어 주고 그 지역을 다스리게 한 제도였어. 제후는 그 땅을 농민들에게 경작하도록 하여 엄청난 이익을 얻었지. 임금은 제후로부터 세금을 받아 나라를 다스렸던 거야. 봉건제는 중세 서유럽의 사회 유형으로 노예제 사회와 자본주의 사회의 중간이라고 할 수 있어.

봉건제가 부정적인 평가를 받는 이유가 궁금하다고? 임금과 영주의 관계, 또 영주와 농노의 관계가 지배하고 지배당하는 관계이기 때문이야. '봉건적(封建的)'이 신분이나 지위 등의 상하 관계에 따른 질서만을 중요하게 여기고 개인의 자유나 권리를 존중하지 않는다는 뜻으로 쓰이는 이유야.

🔆 한자 뜯어보기

| 봉 | 封 | 봉하다(틀어막다, 혹은 제후로 삼다), 봉투

- 봉지(封紙): 물건을 담을 수 있게 만든 주머니. 종이 지(紙)
- 봉쇄(封鎖): 문이나 길을 굳게 잠그거나 드나들지 못하게 함. 잠글 쇄(鎖)
- 개봉(開封): 봉한 것을 떼어서 엶. 열 개(開)

| 건 | 建 | 세우다, 건물

- 건설(建設): 건물이나 구조물을 지어 세움. 세울 설(設)
- 건의(建議): 의논할 내용을 세움, 의견이나 희망 사항을 내놓음. 의논할 의(議)
- 재건(再建): 다시 일으켜 세움. 다시 재(再)

봉건제 사회는 철저한 _____ 사회였어. 여기에서 밑줄에 들어갈 단어가 무엇일까?

① 신분   ② 민주
③ 영주   ④ 군국

징역 1년을 받았는데 집에 가는 이유

잡을 집(執) 행할 행(行)
머뭇거릴 유(猶) 미적거릴 예(豫)

집행유예
執行猶豫

분명히 징역 1년을 선고받았다고 했는데 피고인이 집으로 가고 있어. 어떻게 된 일일까? 집행유예 2년을 받았기 때문이야.

집행유예는 '집행'을 '유예'한다는 말이야. 집행은 뭐고 유예는 또 뭐냐고? 집행은 '잡을 집(執)', '행할 행(行)'으로 잡아서 실제로 행한다는 의미야. 그리고 유예는 '머뭇거릴 유(猶)', '미적거릴 예(豫)'로 머뭇거리고 미적거린다는 의미지. 미루거나 망설이면서 일을 실행하지 않는 것을 말해.

집행유예는 일정 기간 형벌의 집행을 미루고 그 기간이 지나면 선고한 형의 효력을 없어지도록 하는 제도야. 징역 1년에 집행유예 2년을 선고받은 사람이 교도소로 가지 않고 집으로 가는 이유지. 2년 동안 범죄를 저지르지 않으면 1년 징역형도 효력이 없어지게 돼.

"전과가 없는 점을 고려해 선고를 유예한다."라는 말 들어 봤니? 범죄자의 정상을 참작하여 판결의 선고를 일정 기간 미루는 일을 선고유예라 해. '선고'는 '펼칠 선(宣)', '알릴 고(告)'로 재판의 결과를 널리 알리는 일을 말한단다.

징역과 금고는 다르냐고? '혼낼 징(懲)', '일 시킬 역(役)'의 징역은 교도소에 가두고 혼내면서 일을 시키는 형벌이고, '금할 금(禁)', '가둘 고(錮)' 의 금고는 교도소에 가두기만 하고 일은 시키지 않는 형벌이란다.

한자 뜯어보기

| 집 | 執 | 잡다, 지키다

- 고집(固執): 굳게 지켜서 우김. 굳을 고(固)
- 집필(執筆): 붓을 잡고 글을 씀. 붓 필(筆)
- 집념(執念): 생각을 잡음. 한 가지에만 마음을 쏟음. 생각 념(念)

| 유 | 猶 | 오히려, 같다, 머뭇거리다

- 유부족(猶不足): 오히려 모자람. 오히려 충족되지 못함. 충족할 족(足)
- 과유불급(過猶不及): 지나침은 오히려 미치지 못한 것과 같음. 지나칠 과(過), 미칠 급(及)

생각해 보기

이번 꼭지에서 배운 다양한 한자들에 대한 설명 중 옳지 <u>않은</u> 것을 골라 봐.

① 유예는 미루거나 망설이면서 일을 실행하지 않는 것을 말한다.
② 일정 기간 형벌의 집행을 미루는 판결을 집행유예라 한다.
③ 집념은 한 가지에만 마음을 쏟는 것이다.
④ 징역은 교도소에 가두어 두고 일은 시키지 않는 형벌이다.

□ 적자생존 □ 만유인력 □ 역학조사 □ 분지
□ 등가속도 □ 가시광선 □ 동맥경화 □ 반도체
□ 무화과   □ 정전기   □ 부영양화 □ 간척지
□ 용불용설 □ 관성   □ 열대저기압
□ 양서류   □ 항생제   □ 일식

4장

과학
科學

강한 자만 살아남는다는 뜻이 아니라고?

적응할 적(適) 것 자(者)
살 생(生) 존재할 존(存)

적자생존
適者生存

적자생존(適者生存)을 강한 자만 살아남는 현상이라고 이해하는 사람이 많은데 절대 그렇지 않아. '적응할 적(適)', '것 자(者)', '살 생(生)', '존재할 존(存)'이거든. 환경에 적응하는 것들만 살아 존재할 수 있다는 이론인 서야. 그리고 이 이론은 맞아. 강한 것보다 적응하는 것이 더 중요하기 때문이지. 어떤 사람들은 '적자생존'에서 '속자생존'으로 바뀌고 있다고 말하고 있어. 속자생존이 뭐냐고? '빠를 속(速)'이야. 빠르게 적응하는 것들만 살아남는다는 이론이란다.

적자생존이 약육강식과는 어떻게 다르냐고? 약육강식은 '약할 약(弱)', '고기 육(肉)', '강할 강(强)', '먹을 식(食)'이야. 약한 자는 강한 자의 고기(먹이)가 되고 강한 자가 먹는다는 뜻이지. 약한 자는 강한 자에게 먹힌다는 이야기야. 강한 자는 약한 자를 희생시켜서 번성하게 되고 약한 자는 강한 자에 의해 멸망된다는 주장인 거지.

지금 우리에게 필요한 정신은 '공생'이야. '함께 공(共)', '생활할 생(生)'의 공생은 함께 생활한다는 의미야. 악어와 악어새를 공생관계라고 하는 것 알지? 같은 곳에서 살면서 서로에게 이익을 주기 때문이란다.

⟩½⟨ 한자 뜯어보기

| 적 | 適 | 적응하다, 맞다

• 부적응(不適應): 일정한 조건이나 환경에 맞추어 응하지 못함. 응할 응(應)
• 적성검사(適性檢査): 얼마만큼 적합한 소질이 있는지 검사하는 일. 성품 성(性)
• 구속적부심사(拘束適否審査): 구속하는 것이 맞는지 맞지 아니한지 심사하는 일. 아닐 부(否)

| 존 | 存 | 있다, 생존하다

• 기존(旣存): 이미 있음. 이미 기(旣)
• 생존(生存): 살아서 존재함, 살아 있음. 살 생(生)
• 존폐(存廢): 보존과 폐지를 아울러 이르는 말. 그만둘 폐(廢)

생각해 보기

적자생존을 위해 상부상조한다는 것은 다르게 말해 _____해야 한다는 뜻이야. 여기서 밑줄에 들어갈 가장 적합한 단어가 무엇일까?

① 회생   ② 공생
③ 배척   ④ 현명

속도도 종류가 있다

같을 등(等) **더할 가**(加)
빠를 속(速) **정도 도**(度)

등가속도
等加速度

속도는 '빠를 속(速)', '정도 도(度)'로 빠르기의 정도라는 뜻이고, '더할 가(加)'가 덧붙여진 가속도(加速度)는 빨라짐의 정도가 더해졌다는 의미야. 점점 더 빨라진다는 뜻이지. 경사진 곳에서 자전거 속도가 빨라지는 현상이라고 이해하면 돼.

'같을 등(等)'이 덧붙여진 등가속도(等加速度)는 속도 더해지는 정도(비율)가 같다는 의미지. 속도가 같은 게 아니라 속도 빨라짐의 비율이 같다는 뜻으로 일정한 비율로 속도가 빨라지는 현상을 말해. 높은 곳에서 떨어지는 공의 사진을 1초 간격으로 찍으면 공 사이의 거리가 일정한 비율로 길어지는 것을 알수 있어. 사실 등가속도 운동은 가속도의 방향까지 같다는 조건이 필요한데, 고등학교 때 자세히 배울 기회가 있으니 간단히만 기억하면 좋겠어.

한편 등속도는 '같을 등(等)' '빠를 속(速)' '정도 도(度)'로 빠르기의 정도가 처음부터 끝까지 같다는 뜻이란다. 일정한 속도로 달리는 것을 말하지.

'등(等)'이 여기서는 '같다'는 의미로 쓰였지만 '무리'나 '등급'이라는 의미로도 많이 쓰인단다. 오등(吾等), 등등(等等)에서는 '무리'라는 의미고, 등급(等級), 우등(優等), 열등(劣等)에서는 '등급'이라는 의미야.

━ᓂᒻ 한자 뜯어보기

| 가 | 加 | 더하다, 심해지다

- 가담(加擔): 같은 편이 되어 힘을 더하고 짐을 짊어짐. 짊어질 담(擔)
- 가입(加入): 구성원이 되기 위해 조직이나 단체에 들어감. 들어갈 입(入)
- 설상가상(雪上加霜): 눈 위에 서리가 더해짐, 어려움이 거듭됨. 눈 설(雪), 위 상(上), 서리 상(霜)

| 속 | 速 | 빠르다, 빨리하다, 빨리

- 속기(速記): 빠르게 기록함. 기록할 기(記)
- 속단(速斷): 빠르게 판단을 내림. 판단할 단(斷)
- 졸속(拙速): 어설프고 빠름. 서투를 졸(拙)

생각해 보기

다음 중 가(加)를 포함하지 않는 단어는 무엇일까?

① 가담   ② 가속도
③ 가입   ④ 가상현실

꽃이 피지 않고 열매가 열린다고?

없을 무(無) 꽃 화(花) 과일 과(果)

무화과
無花果

왜 무화과라는 이름이 붙였을까 궁금하지 않았니? '없을 무(無)', '꽃 화(花)', '과일 과(果)'일 것으로 추측해 보았는데 추측이 맞았어. 그런데 이상하지. 꽃이 없는 과일이라니? 꽃이 피지 않고 열매가 맺히는 식물이 있다니? 스승님인 국어사전과 한자사전을 펼쳐서 꼼꼼하게 살펴보았지만 알아낼 수 없었어. 백과사전에는 다음과 같이 적혀 있었어. "봄과 여름에 걸쳐 꽃차례를 이루며 작은 꽃이 많이 핀다. 무화과(無花果)라는 명칭은 겉에서 볼 때 꽃이 눈에 띄지 않고 열매를 맺는 것에서 연유한다."

꽃이 피지 않고 열매가 맺힐 순 없지. 다른 과일과 마찬가지로 무화과 역시 꽃이 피긴 해. 다만 외관상 잘 보이지 않을 뿐. 그래서 무화과라 이름 붙였던 거야. 그런데 잘못 만들어진 이름이야. 꽃이 피고 그 꽃들의 수정을 통해 열매를 맺는데 무화과라 이름 붙였으니까. 원인 없는 결과 없는 것처럼 꽃이 피지 않고 열매가 맺는 열매는 없는 거란다.

과실수는 봄이면 꽃을 피우고 열매를 맺기 시작하여 가을에는 잘 익은 과일을 수확할 수 있지. 그렇기에 '과(果)'는 어떤 일의 최종 '결과'나 '결실'이라는 뜻도 갖게 되었어. 일이 이루어진 결과를 성과(成果)라 하지.

\\|//
:한자 뜯어보기

| 무 | 無 | 없다

- 무지(無知): 아는 것이나 지식이 없음. 알 지(知)
- 무단(無斷): 사전에 허락이 없었고 연락이 끊어짐. 끊을 단(斷)
- 무시(無視): 사물의 의의나 가치를 인정하지 않음. 볼 시(視)

| 화 | 花 | 꽃, 꽃이 피다, 꽃답다(아름답다)

- 무궁화(無窮花): 다함이 없는 꽃, 계속해서 피는 꽃. 다할 궁(窮)
- 조화(造花): 종이, 천, 비닐 등을 재료로 하여 인공적으로 만든 꽃. 만들 조(造)
- 화강암(花崗巖): 빛깔과 무늬가 꽃처럼 아름답고 질이 단단한 돌. 언덕 강(岡), 바위 암(巖)

생각해 보기

'과(果)' 자가 들어가는 단어 중 한자가 다른 것은 무엇일까?

① 결과
② 과장법
③ 독수독과
④ 오곡백과

용불용설
用不用說

사용할 용(用) 아니 불(不) 주장 설(說)

'용불 용설'로 읽는 사람이 많은데 옳지 못해. '용 불용 설'로 읽어야 옳지. '사용할 용(用)', '아니 불(不)', '사용할 용(用)', '주장 설(說)'이야. 사용하느냐 사용하지 않느냐에 따라 기능에 변화가 생기고, 이것이 자손에게 유전된다는 주장이란다.

현재 용불용설은 프랑스 과학자 라마르크의 생각일 뿐이라는 게 과학자들의 이야기야. 그렇다면 우리가 용불용설을 배우는 이유가 뭘까? 용불용설은 사실이 아님에도 직관적으로 생각해 봤을 때 그럴싸하기 때문이야. 오히려 사실이 아님을 정확하게 알기 위해서라도 배워야 하지. 진화론을 두고 어떤 이야기들이 오갔는지 배우면 지금의 진화론이 어떻게 정립되었는지 더 확실히 이해할 수 있기도 해.

용불용설의 설(說)은 가설과 추측이라는 뜻이야. 그러니까 성선설(性善說)은 인간의 본성은 원래 착하다는 맹자의 주장이지. 위기설, 부도설, 결혼설도 사실 아닌 소문이라는 뜻에 가까워. 물론 거짓인 것도 아니야. 참인지 거짓인지 훗날에 밝혀질 수도 있고 영원히 밝혀지지 않을 수도 있지. 용불용설에 설(說)이 붙는 이유는 당시에 라마르크가 주장한 가설이기 때문이란다.

다윈은 그의 저서 '종의 기원'에서 자연선택설을 주장했어. 생물의 개체 사이에 생존 경쟁이 일어나는데, 잘 적응한 것만이 생존하여 자손을 남김으로써 자신의 형질을 자손에게 전한다고 했지. 지금은 사실로 밝혀졌기에 자연선택 이론이라고도 불러.

| 용 | 用 | 사용하다, 작용, 용도

- 남용(濫用): 사물을 정해진 규정이나 기준을 넘어서 함부로 사용함. 함부로 할 람(濫)
- 재활용(再活用): 낡거나 못 쓰게 된 물건을 손질해 다시 이용함. 다시 재(再), 살 활(活)
- 용어(用語): 일정한 개념을 나타내기 위해 사용하는 말. 말 어(語)

| 불 | 不 | 아니다, 못하다 (ㄷ, ㅈ 앞에서는 '부'로 발음함)

- 부주의(不注意): 주의하지 않음. 따를 주(注), 뜻 의(意)
- 부적응(不適應): 일정한 환경이나 조건에 맞추어 응하지 못함. 만날 적(適), 응할 응(應)
- 신부전(腎不全): 신장(腎臟)의 기능이 온전하지 못함. 콩팥 신(腎), 온전 전(全)

생각해 보기

설(說) 자가 들어가지 <u>않는</u> 단어를 골라 줘.

① 이혼설　　　　　　　② 전설
③ 설날　　　　　　　　④ 성악설

두 군데서 사는 동물

양서류
兩棲類

둘 양(兩) 살 서(棲) 무리 류(類)

개구리나 도롱뇽 두꺼비 등을 왜 양서류라 하는지에 대해 궁금한 적 있니? '둘 양(兩)', '살 서(棲)'라는 사실을 알면 두 군데에서 살기 때문이라는 사실 어렵지 않게 알 수 있단다. 물속에서도 살고 육지에서도 살기 때문에 양서류(兩棲類)라 이름 붙였다는 것이 재미있지 않니? 거의 모든 동물은 육지 혹은 물속 중 한 군데서만 사는데 개구리나 도롱뇽은 새끼 때에는 민물에서 아가미로 호흡하지만 자라게 되면 땅 위에서도 살아간단다. 한자로 알아야 이해가 쉽고 오래 기억할 수 있다는 사실, 이제라도 알았으면 좋겠어.

땅과 물이라는 서로 다른 환경에 적응한 양서류는 땅 위에서 천적을 발견하면 재빨리 물속으로 피할 수 있어. 그리고 연못이나 작은 웅덩이처럼 먹이가 한정된 지역을 벗어나 땅 위에서도 살기 때문에 먹이를 풍족하게 얻을 수 있는 장점도 있단다. 다만 주로 피부 호흡을 하기 때문에 피부를 항상 촉촉하게 유지해야 해서 물과 너무 오래 떨어져 있을 수는 없다고 해.

뱀, 악어, 도마뱀 등을 파충류라 하는데 왜 파충류라 이름 붙였을까? '기어 다닐 파(爬)', '벌레 충(蟲)', '무리 류(類)'야. 기어 다니는 벌레라서 파충류라 이름 붙였어. 왜 뱀이 벌레냐고? 곤충만이 아닌 기생충과 같은 하등 동물을 통틀어 벌레라 해.

| 양 | 兩 | 둘, 짝

• 양반(兩班): 문관(文官)과 무관(武官)을 함께 이르는 말. 나눌 반(班)
• 양비론(兩非論): 둘 다 옳지 않다고 비판하는 태도. 아닐 비(非), 말할 론(論)
• 양극화(兩極化) : 둘 이상이 상반되는 경향으로 분리되는 현상. 끝 극(極)

| 서 | 棲 | 살다, 깃들다

• 서식지(棲息地): 동물이 보금자리를 만들어 사는 장소. 쉴 식(息)
• 수서식물(水棲植物): 식물체의 전체나 일부가 물속에서 생육하는 식물. 심을 식(植)
• 군서(群棲): 같은 종류의 생물이 한곳에 떼를 지어 삶. 무리 군(群)

생각해 보기

이번 꼭지에서 배운 다양한 한자들에 대한 설명 중 옳지 <u>않은</u> 것을 골라 봐.

① 양서류는 '두 군데서 살아가는 동물의 무리'라는 뜻이다.
② 파충류는 '기어 다닐 파(爬)' 자를 쓴다.
③ 양반은 양심 있고 얌전한 사람이라는 뜻이다.
④ 둘 다 잘못이라고 비판하는 태도를 양비론(兩非論)이라 한다.

모든 것을 끌어당기는 힘

모두 만(萬) 있을 유(有)
끌 인(引) 힘 력(力)

만유인력
萬有引力

우주의 모든 물체 사이에는 서로 끌어당기는 힘이 있는데 이것을 만유인력이라 한단다. '모두 만(萬)', '있을 유(有)', '끌 인(引)', '힘 력(力)'으로 모든 물체는 끌어당기는 힘을 지니고 있다는 뜻이지. 모두 만(萬)이라는 한자에서 알 수 있듯이, 식탁 위의 사과와 수저, 버스 안의 사람들 사이에도 끌어당기는 힘이 있어. 그 힘이 너무 약해서 느낄 수 없을 뿐이지. 뉴턴이 '사과는 떨어지는데 왜 더 무거운 달은 떨어지지 않을까?'라는 의문에 대한 답을 찾는 과정에서 발견한 힘이지.

중력도 같은 것이냐고? 맞아. 지구 위의 모든 물체와 지구 사이에는 서로 만유인력이 작용하고 있는데 이를 특별히 중력이라고 해. '무거울 중(重)', '힘 력(力)'으로 물체를 무겁게 만드는 힘이라고 해석할 수 있지. 천체와 그 위에 있는 물체, 혹은 천체와 천체 사이의 만유인력을 표현할 때 쓰는 말이야. 달의 중력은 지구 중력의 6분의 1에 불과하다고 해. 그래서 지구에서처럼 걸으면 더 높이 공중으로 뜨고 더 천천히 떨어지지.

개화기 때 나온 소설을 보면 인력거가 많이 등장하는데 만유인력의 인력과 인력거의 인력은 다르단다. 인력거의 '인'은 '사람 인(人)'이거든. '사람 인(人)', '힘 력(力)', '수레 거(車)'의 인력거는 사람의 힘으로 가는 수레라는 뜻이란다.

한자 뜯어보기

| 만 | 萬 | 일만(10,000), 모두

- 만감(萬感): 모든 감회, 복잡한 감정. 느낄 감(感)
- 만무(萬無): 절대로 그럴 리 없다. 없을 무(無)
- 만물상(萬物商): 일상생활에 필요한 온갖 물건을 파는 장수 또는 가게. 물건 물(物), 장사 상(商)

| 유 | 有 | 있다, 존재하다

- 유기적(有機的): 조직이나 요소 등이 서로 긴밀하게 연관되어 있음. 틀 기(機)
- 소유권(所有權): 어떤 물건을 자기의 것으로 가지는 권리. 바 소(所), 권리 권(權)
- 공유(共有): 두 사람 이상이 한 물건의 소유권을 함께 가짐. 함께 공(共)

생각해 보기

질량이 있는 물체가 받는 중력의 크기를 무엇이라고 부를까?

① 부피   ② 들이
③ 무게   ④ 질량

가시처럼 생기지 않았다

가능할 가(可) 볼 시(視)
빛 광(光) 줄 선(線)

가시광선
可視光線

빛의 줄기가 가시처럼 가늘어서 가시광선이라 이름 붙였을까? 그런 것도 같고 아닌 것도 같고. 그냥 넘어가자니 찜찜하고 누구에게 물어보자니 창피하고. 가장 훌륭한 스승은 사전이니 국어사전을 펼쳐 보자. '인간의 눈으로 느낄 수 있는 보통 광선', '사람의 눈으로 볼 수 있는 빛'이라고 국어사전은 알려주고 있어.

가시광선(可視光線)의 한자를 보면 '가능할 가(可)', '볼 시(視)', '빛 광(光)', '줄 선(線)'이야. 가시(可視)는 식물의 줄기나 잎에 바늘처럼 뾰족하게 돋아난 가시가 아니고 물고기의 잔뼈도 아니야. 인간의 눈으로 볼 수 있는 보통의 빛이라서 가시광선으로 이름 붙였음을 알 수 있어.

광선은 빛이 나아가는 길을 나타내는 기하학적인 선이야. 즉 빛이 실제로 선(線)은 아니지만, 빛이 나아가는 곧은 길을 선에 비유한 거지.

'빛'이라고 하면 보통 햇빛과 전등빛 등 가시광선을 떠올리지만, 우리 눈으로 볼 수 없는 적외선, 자외선, 엑스선, 감마선 등도 있다고 해. 전기장과 자기장으로 이뤄진 파동이기 때문에 전자기파라고도 부르지. 인간의 눈은 파장이 400~700나노미터인 빛을 감지할 수 있는데 이 영역을 가시광선이라고 해.

눈으로 볼 수 있는 목표물까지의 거리를 가시거리(可視距離)라 하고, 어떤 현상이나 상태 등이 실제로 드러나 볼 수 있게 되는 것을 가시화(可視化)라 해.

-´ 한자 뜯어보기

| 가 | 可 | 옳다, 가능하다

- 가부(可否): 표결 등에서 찬성과 반대의 여부. 아닐 부(否)
- 불가사의(不可思議): 생각하거나 의논하는 것이 불가능함, 생각 사(思), 의논할 의(議)
- 불가분(不可分): 나누는 일이 불가능함, 분리할 수 없음. 나눌 분(分)

| 시 | 視 | 보다

- 거시(巨視): 어떤 대상을 전체적으로 분석하고 파악하는 것. 클 거(巨)
- 경시(輕視): 가볍게 봄, 대수롭지 않게 깔보거나 업신여김. 가벼울 경(輕)
- 내시경(內視鏡): 안을 보는 거울, 몸 내부를 보기 위해 몸속에 집어넣는 기구. 안 내(內), 거울 경(鏡)

생각해 보기

다음 중 가시(可視)가 들어가는 말이 <u>아닌</u> 것은?

① 가시현상
② 가시효과
③ 가시나무
④ 가시성

조용한 전기라 했는데 왜 찌릿찌릿하지?

조용할 정(靜) 전기 전(電) 기운 기(氣)

정전기
靜電氣

건조한 날 차량의 손잡이에서 찌릿찌릿한 느낌을 받는 현상, 합성섬유로 만든 내의가 몸에 달라붙는 현상, 플라스틱 빗에 머리카락이 달라붙는 현상을 정전기 현상이라 하지. 그런데 왜 정전기라 이름 붙였을까? '정'은 무슨 뜻일까? '조용할 정(靜)', '전기 전(電)', '기운 기(氣)'야. 움직이지 않고 조용히 있는 전기라는 의미지. 마찰한 물체 위에 생기기 때문에 '마찰전기'라고도 해.

정전기가 일어나는 가장 큰 원인은 마찰 때문이란다. 물체가 접촉하면서 마찰이 일어나면 전자가 두 물체 사이를 왔다 갔다 움직이게 되는데 이때 전기가 만들어져. 그런데 이 전기가 어딘가로 흐르지 않고 물체의 표면에 머물러 있기 때문에 조용할 정(靜)을 써서 정전기라 부르는 거야. 정전기에 손을 갖다 대면 정전기가 손으로 이동하는데 이때 찌릿함을 느끼지.

정전기는 반도체 부품에 손상을 주기도 하고 컴퓨터 오작동을 낳기도 하며 화재를 불러오기까지 한다고 하더구나. 정전기를 예방하려면 화학섬유로 만든 옷을 피하고 방안에 가습기를 틀어놓아서 습도를 높여야 하지.

정전기를 '정+전기'가 아닌 '정전+기'로 잘못 알고 있는 사람이 의외로 많은 것 같아. '정전'은 '멈출 정(停)', '전기 전(電)'으로 오던 전기가 끊어져 멈춰버린다는 의미야.

≡ 한자 뜯어보기

| 정 | 靜 | 조용하다, 고요하다, 맑다

• 안정(安靜): 몸과 마음이 편안하고 고요함. 편안할 안(安)
• 정맥(靜脈): 조용하게 흐르는 혈관. 맥 맥(脈)
• 냉정(冷靜): 생각이나 행동이 감정에 좌우되지 않고 침착함. 차가울 냉(冷)

| 전 | 電 | 번개, 전기, 전자

• 전격(電擊): 번개처럼 갑작스럽게 공격함. 칠 격(擊)
• 전철(電鐵): 전기로 가는 철도. 철도 철(鐵)
• 가전제품(家電製品): 가정에서 사용하는 세탁기 냉장고 같은 전기 제품. 집 가(家), 만들 제(製), 물건 품(品)

생각해 보기

다음 중 전기(電氣)가 들어가는 단어가 <u>아닌</u> 것은?

① 전기력
② 전기회로
③ 위인전기
④ 고압전기

습관대로 하려는 성질

습관 관(慣) 성질 성(性)

관성
慣性

자동차가 달리다가 브레이크를 밟으면 바로 멈추지 않고 얼마 정도 앞으로 나아가는 이유는 관성 때문이라고 해. 관성이 뭐냐고? '습관 관(慣)', '성질 성(性)'이야. 한자로 풀이하면 습관이 들였기 때문에 하는 성질이라는 뜻인데, 물리학에서는 물체의 운동을 설명할 때 쓰여. 뉴턴 제1법칙인 관성의 법칙은 외부에서 힘이 가해지지 않는 한 모든 물체는 자기의 상태를 그대로 유지하려고 하는 성질을 말해. 정지한 물체는 영원히 정지한 채로 있으려 하고, 운동하던 물체는 계속 일직선 위를 똑같은 속도로 운동한다는 이야기야.

달리던 버스가 갑자기 멈추면 가던 상태를 유지하려는 관성 때문에 사람들의 몸은 앞으로 쏠리고, 멈춰 있던 버스가 출발하면 그대로 있으려는 관성 때문에 몸이 뒤로 밀리지. 또 빨랫줄에 널린 이불을 두드리면 이불은 뒤로 밀리고 먼지는 그대로 있으려는 성질 때문에 먼지가 이불 밖으로 떨어져 나오는 거야. 관성의 법칙으로 설명할 수 있는 것들이 많네.

관성은 '사람의 말이나 행동에 버릇처럼 굳어진 습성'이라는 의미로도 쓰여. 비슷한 말에 '게으를 타(惰)'를 쓴 타성이 있어. 개으름 때문에 오랫동안 변화를 꾀하지 않아 굳어진 말이나 행동을 뜻하지.

☀️ **한자 뜯어보기**

| 관 | 慣 | 습관, 버릇, 익숙하다

- 습관(習慣): 오랫동안 되풀이하여 몸에 익은 채로 굳어진 개인적 행동. 익힐 습(習)
- 관행(慣行): 사회에서 예전부터 해 오던 대로 함. 행할 행(行)
- 식습관(食習慣): 음식을 먹는 습관. 먹을 식(食)
- 관용어(慣用語): 둘 이상의 단어가 결합하여 특정한 뜻을 나타내는 언어 형태. 사용할 용(用), 말 어(語)
- 관습적(慣習的): 한 사회에서 굳어진 전통적 행동 양식이나 관습을 따르는 것.
- 국제관행(國際慣行): 여러 나라 사이에 관례로 되풀이하여 행해지는 일. 나라 국(國), 사이 제(際)

생각해 보기

관성의 법칙으로 설명할 수 있는 현상과 거리가 먼 것은?

① 노를 저으면 배가 앞으로 나아가는 것
② 자동차가 커브 길을 돌 때 승객의 몸이 밖으로 쏠리는 것
③ 우산에서 물기를 터는 것
④ 가만히 있는 자동차가 가만히 있는 것

자라는 걸 막아 보자

막을 항(抗) 자랄 생(生) 약 제(劑)

항생제
抗生劑

몸에 나쁜 세균이 들어올 때 생기는 질병이 많아. 이런 질병을 치료하려면 어떻게 해야 옳을까? 나쁜 세균을 죽이든 자라지 못하게 막든 해야 하겠지. 나쁜 세균을 자라지 못하도록 하는 약을 항생제라 하는데 '막을 항(抗)', '자랄 생(生)', '약 제(劑)'란다. 자라는 것을 막아내는 약이라는 의미지. 오늘날 우리가 질병을 이겨내고 건강한 생활을 하게 된 것은 항생제 덕분이라 할 수 있어. 항생제를 필요 이상으로 복용하면 내성이 생겨서 이후에 항생제를 먹어도 질병이 낫지 않게 되는 경우가 많아. 그러니 필요 이상으로 먹으면 안 되겠지? '견딜 내(耐)'의 내성은 견뎌내는 성질을 말해. 세균이 항생제를 견뎌내는 성질이지. '약 모르고 오용 말고 약 좋다고 남용 말자'라는 표어가 있어. '잘못될 오(誤)'의 오용은 잘못 사용하는 것, '넘칠 남(濫)'의 남용은 넘치도록 많이 사용하는 것이라는 의미란다.

'예방적 항생제'란 특정 미생물이 만연한 지역을 여행할 때 이에 대한 항생제를 미리 투여함으로써 감염을 막는 항생제를 말해. 말라리아가 대표적인 예라 할 수 있어. 감염은 '일어날 감(感)', '물들 염(染)'으로 일어나고 물든다는 뜻이야.

＼l／
한자 뜯어보기 ＿＿＿＿＿＿＿＿＿＿＿＿＿＿＿＿＿＿＿＿＿＿＿＿

│항│抗│ 막다

- 항암제(抗癌劑): 암세포 증식을 막고 사멸시키는 작용을 하는 약. 암 암(癌), 약 제(劑)
- 항거(抗拒): 옳지 않은 것에 순종하지 않고 맞서서 반항함. 막을 거(拒)
- 항의(抗議): 어떤 일에 대하여 그 부당함을 따지고 반대 의견을 밝힘. 의논 의(議)

│제│劑│ 약

- 수면제(睡眠劑): 잠들게 만드는 약. 잠잘 수(睡)
- 접착제(接着劑): 두 물체를 서로 붙이는 데 쓰이는 물질. 이을 접(接), 붙을 착(着)
- 진통제(鎭痛劑): 통증을 진압하는 약. 누를 진(鎭), 아플 통(痛)

생각해 보기

"내성이 생길 수도 있으니 항생제를 ＿＿＿＿＿＿＿하지 말자!"라는 말을 자주 해.
밑줄에 들어갈 적합한 단어가 뭘까?

① 남용   ② 허용
③ 관용   ④ 이용

조사는 알겠는데, 역학이 무엇인가요

전염병 역(疫) 학문 학(學)
헤아릴 조(調) 검사할 사(査)

역학조사
疫學調査

코로나 시국을 겪으면서 "역학조사에 나섰다." 혹은 "역학조사 결과가 나오는 대로"라는 뉴스를 많이 들었을 거야. 보건 당국은 역학조사를 토대로 합리적 방역 대책을 세우곤 했지.

역학은 '전염병 역(疫)' '학문 학(學)'으로 전염병을 연구하는 학문이라는 뜻이야. 전염병의 발생 원인과 전염병의 특성을 밝히는 의학의 한 분과로 전염병을 예방하고 치료 방법을 연구한다는 뜻이기도 해. 그러니까 역학조사는 전염병의 발생 원인과 전염병의 특성을 밝히는 일이라고 할 수 있어.

'조사'는 '헤아릴 조(調)', '검사할 사(査)'로 사물의 내용을 명확히 알기 위하여 자세히 살펴보거나 찾아본다는 의미야. 보건은 무슨 뜻이냐고? '지킬 보(保)', '건강 건(健)'으로 건강을 지키고 유지하는 일이라는 뜻이야. 보건 체조는 건강의 유지와 증진을 위하여 누구나 쉽게 할 수 있도록 한 맨손 체조를 말한단다.

'힘 력(力)'의 역학은 물체의 운동을 연구하는 학문이고, '주역 역(易)'의 역학은 주역의 괘(卦)를 해석하여 음양 변화의 원리와 이치를 연구하는 학문이야. '책력 력(曆)'의 역학은 천체의 운동을 관측하여 책력을 연구하는 학문이란다.

| 역 | 疫 | 전염병

- 홍역(紅疫): 온몸에 붉은 발진이 일어나는 전염병. 붉을 홍(紅)
- 방역(防疫): 전염병 등이 퍼지지 않도록 예방하는 일. 막을 방(防)
- 검역소(檢疫所): 전염병을 검사하는 장소. 검사할 검(檢), 장소 소(所)

| 조 | 調 | 헤아리다, 고르다, 조절하다, 조사하다

- 색조(色調): 색깔이 강하거나 약한 정도나 상태. 빛 색(色)
- 저조(低調): 활동이나 감정이 왕성하지 못하고 침체함. 낮을 저(低)
- 조련(調練): 지식이나 기술 따위를 가르치는 훈련. 익힐 련(練)

생각해 보기

역학조사는 왜 하는 걸까?

① 역학조사를 빌미로 국민을 통제하는 데 있어.
② 직장이나 학교 등 사람들의 정보를 수집하는 데 있어.
③ 합리적 방역 대책을 세우는 데 있어.
④ 전염병을 옮긴 사람을 처벌하는 데 있어.

동맥이 단단해지다

움직일 동(動) 혈맥 맥(脈)
단단할 경(硬) 될 화(化)

동맥경화
動脈硬化

'동맥'은 심장 박동으로 밀려 나온 혈액을 온몸으로 보내는 혈관이야. 움직일 동(動)을 쓰는 이유는 힘차게 움직이기 때문이지. 한편 '경화'에서 '경(硬)'은 '단단하다', '굳다'는 의미이고 '화(化)'는 '~되다, 변하다'라는 의미야. 그러니까 '경화'는 단단하지 않았던 것이 단단하게 된다는 의미란다.

그렇기에 동맥경화(動脈硬化)는 혈액을 온몸으로 보내는 동맥(動脈)이 단단하게 변화한다는 뜻이야. 혈관에 지방성 물질이 쌓여 혈관 통로가 좁아지고 탄력을 잃게 되는 것을 말하지.

뇌동맥경화도 있어. 뇌를 순환하는 동맥이 단단해지는 증상이지. 불면, 피로감, 건망, 귀울림 등의 증상이 오고 심하면 치매가 되기도 해. 이것이 더 심해지면 뇌경색이 올 수도 있어. '막힐 경(梗)', '막힐 색(塞)'의 뇌경색은 동맥이 딱딱하고 좁아진 것을 넘어 아예 막혀 버린 상태를 말해. 뇌경색이 오면 뇌에 피가 공급되지 않아 뇌가 손상되지. 주로 노인들에게 나타나지만 40~50대들도 심심찮게 걸려. 그러니 어른이 눈이 안 보인다거나, 갑자기 기억을 못하거나, 어지럽거나, 머리가 아프다고 하면 병원에 가자고 권해야 해.

조용하게 움직이는 혈관도 있냐고? 그래, 정맥이 그것이야. 심장에서 나갔던 혈액이 모세혈관을 거쳐 심장으로 되돌아올 때 통하는 혈관이지. '조용할 정(靜)'을 써. 동맥에 비해 압력이 낮은 게 특징이야.

한자 뜯어보기

│동│動│ 움직이다

- 동란(動亂): 폭동 반란 전쟁 등으로 사회가 소란해짐. 어지러울 난(亂)
- 동사(動詞): 움직임을 나타내는 품사. 품사 사(詞)
- 부동표(浮動票): 떠서 움직이고 있는 표. 뜰 부(浮), 쪽지 표(票)

│맥│脈│ 줄기

- 맥락(脈絡): 연결된 계통이나 사물의 연결. 이을 락(絡)
- 산맥(山脈): 산이 잇달아 길게 뻗쳐 줄기를 이룬 지대. 산 산(山)
- 문맥(文脈): 글의 성분들이 서로 맺고 있는 관계. 글 문(文)

생각해 보기

이번 꼭지에서 배운 다양한 한자들에 대한 설명 중 옳지 <u>않은</u> 것을 골라 봐.

① 동맥경화는 동맥이 단단하게 변화되는 일이다.
② 뇌경색은 '뇌 뇌(腦)', '막힐 경(梗)', '막힐 색(塞)'이다.
③ 동사(動詞)는 움직임을 나타내는 품사다.
④ 부동표는 움직이지 않는 표, 고정된 표다.

영양 부자가 되다

많을 부(富) 만들 영(營)
기를 양(養) 될 화(化)

부영양화
富營養化

강이나 호수 혹은 바다에 공장 폐수나 생활 하수 등이 모이게 되면 질소나 인 등의 영양분이 증가하면서 물이 변화하게 되는데 이런 현상을 부영양화라 해. '많을 부(富)'를 쓴 부영양화란 영양(營養)이 지나치게 많아졌다는 뜻이겠지. 영양은 '만들 영(營)', '기를 양(養)'으로 모양을 만들고 생명을 기르는 물질이 라는 뜻이야.

'될 화(化)'는 148쪽의 '동맥경화'에서 봤지? 말 그대로 '~되다'라는 뜻이야. 어떤 명사 뒤에 화(化)가 붙으면 명사가 아니었는데 명사처럼 되었다는 뜻이 돼. 그러니까 '부영양화'는 '부영양' 상태가 아니었던 것이 '부영양' 상태로 되 었다는 뜻이란다.

부영양화가 진행된 물에서는 플랑크톤이 지나치게 많아져서 맑았던 물이 붉 은색이나 황갈색의 물로 변하지. 이렇게 플랑크톤이 번식하여 물이 붉게 보 이는 현상을 적조라고 해. '붉을 적(赤)', '바닷물 조(潮)'로 바닷물이 붉게 변했 다는 뜻이란다. 적조가 발생하면 햇빛이 차단되고 물속의 산소가 부족해지기 때문에 결국 물속에 사는 다른 생물들이 죽게 된단다.

민주주의 아니었는데 민주주의 되는 것이 민주화(民主化)고, 강하지 않았는데 강하게 된 것은 강화(强化)야. 마찬가지로 정상이 아니었는데 정상으로 된 것은 정상화(正常化)지. '노화(老化)'는 늙지 않았는데 늙게 되었다는 뜻이란다.

한자 뜯어보기

부 | 富 | 많다, 풍성하다

- 부유세(富裕稅): 잘사는 사람의 순 자산에 매기는 세금. 넉넉할 유(裕)
- 부국강병(富國强兵): 나라를 부유하게 하고 군대를 강하게 함. 굳셀 강(强), 군사 병(兵)
- 졸부(猝富): 갑자기 부자가 된 사람. 갑자기 졸(猝)

영 | 營 | 만들다, 짓다, 경영하다

- 경영(經營): 사업이나 기업 등을 계획적으로 관리하고 운영함. 다스릴 경(經)
- 영농(營農): 농업을 경영함. 농사 농(農)
- 민영화(民營化): 국가나 지방 자치 단체가 경영하던 사업을 민간인이 경영하게 됨. 백성 민(民), 될 화(化)

생각해 보기

번식하는 플랑크톤의 종류에 따라 적조뿐만 아니라 녹조가 발생하기도 해. 4대강 사업 이후 낙동강에 생겨서 큰 문제를 유발하고 있지. 그렇다면 녹조는 무슨 색깔일까?

① 파란색   ② 초록색
③ 분홍색   ④ 주황색

열대 지방에서 찾아온 저기압

뜨거울 열(熱) 지역 대(帶)
낮을 저(低) 공기 기(氣) 누를 압(壓)

열대저기압
熱帶低氣壓

'열대저기압'은 '열대'와 '저기압'이 합해진 말이고 저기압은 '저'와 기압'이 합해진 말이야. 열대는 '뜨거울 열(熱)', '지역 대(帶)'로 뜨거운 지역이라는 의미지. 기압은 '공기 기(氣)', '누를 압(壓)'으로 공기가 누르는 힘이라는 뜻이란다. 공기도 무게가 있다는 것 알지? 공기의 무게 때문에 생기는 압력을 기압이라 하는 거야. '낮을 저(低)'가 더해진 저기압은 주위에 비해 기압이 낮은 지역을 말하고, '높을 고(高)'가 더해진 고기압은 주위에 비해 기압이 높은 지역을 말하지.

열대저기압은 열대 지역인 5°와 20° 사이 위도의 해상에서 발생하여 중위도 지역으로 이동하는 저기압이야. 우리가 아는 태풍도 열대저기압의 하나야. 해수면의 온도가 높고 공기 중에 수증기가 많은 해상에서 발생하지. 이동 경로의 예측이 어렵고 강한 바람과 많은 비를 동반한단다. 건물을 파괴하고 항만 시설이나 선박 등을 파손하는 피해도 주지만 가뭄을 해소하고 더위를 식혀 주며 바닷물을 순환시키는 이익도 준다고 해.

"오늘 아버지가 무척 저기압이다."라는 말 들어 봤지? 사람의 기분이나 일의 형세가 좋지 않은 상태나 분위기를 비유적으로 이르는 말이야. 저기압이 비나 바람을 몰고 오기 때문에 만들어진 표현이지 않을까?

-`한자` **뜯어보기**

| 열 | 熱 | 뜨겁다, 덥다, 열, 열중하다

- 과열(過熱): 지나치게 활기를 띰. 지나칠 과(過)
- 열변(熱辯): 목소리를 높여 열렬히 주장하는 말하기. 말 잘할 변(辯)
- 열정(熱情): 열렬한 애정을 가지고 열중하는 마음. 감정 정(情)

| 저 | 低 | 낮다

- 저하(低下): 어떤 수치나 수준 따위가 낮아짐. 내려갈 하(下)
- 저질(低質): 어떤 기준보다 낮은 품질. 바탕 질(質)
- 저소득층(低所得層): 소득과 소비의 수준이 낮은 계층. 얻을 득(得)

생각해 보기

왜 우리는 기압을 잘 느끼지 못하는 걸까?

① 기압이 아주 낮기 때문
② 기압과 같은 크기의 압력이 몸의 안쪽에서 바깥쪽으로 작용하기 때문
③ 기압은 위에서 아래로만 작용하기 때문
④ 우리 몸속이 진공 상태이기 때문

태양이 좀먹은 것처럼 보여서

일식
日蝕

태양 일(日) 좀먹을 식(蝕)

달이 태양의 일부나 전부를 가리는 현상을 일식이라 하는데 '태양 일(日)', '좀 먹을 식(蝕)'이야. 태양이 좀먹은 것처럼 보인다는 뜻이지.

일부만 가리는 현상을 부분일식(部分日蝕)이라 하고, 전부를 가리는 현상을 개기일식(皆旣日蝕)이라 하며, 태양의 중앙부만을 가려서 변두리는 고리 모양으로 빛나는 현상을 금환일식(金環日蝕)이라 해. '개기'는 '모두 개(皆)', '이미 기(旣)'로 '모두 이미'라는 뜻이고, '금 금(金)', '고리 환(環)'의 금환은 금으로 만든 고리, 금반지라는 뜻이란다.

월식도 있어. '달 월(月)', '좀먹을 식(蝕)'으로 달이 좀먹었다는 의미야. 달이 지구의 그림자에 가려 일부 또는 전부가 가려지는 현상을 말하는데 부분월식이 있고 개기월식이 있어. 지구의 그림자에 달 일부분이 가려져서 보이는 현상은 부분월식이고, 달이 지구의 그림자에 완전히 가려 태양 빛을 받지 못하여 어둡게 보이는 현상은 개기월식이야.

'일(日)'은 '태양'이라는 의미로 많이 쓰이지만 '일본'이라는 의미로도 쓰이며 '날'이라는 의미로도 쓰인단다. 일광욕에서는 '태양'이고 친일파에서는 '일본'이며 생년월일에서는 '날'이라는 의미지.

-\|/- **한자 뜯어보기**

| 일 | 日 | 태양, 날, 일본

• 차일(遮日): 햇볕을 막기 위하여 치는 장막. 막을 차(遮)
• 일기장(日記帳): 날마다 기록한 장부. 장부 장(帳)
• 항일(抗日): 일본에 저항함. 저항할 항(抗)

| 식 | 蝕 | 좀먹다

• 부식(腐蝕): 썩어서 좀먹음. 썩을 부(腐)
• 침식(浸蝕): 빗물, 강물, 빙하, 바람 등이 땅이나 암석을 깎아 들어감. 스며들 침(浸)
• 해식동굴(海蝕洞窟): 바닷물에 좀먹어서 생긴 동굴. 동굴 동(洞), 굴 굴(窟)

생각해 보기

다음 중 일(日)의 뜻이 <u>다른</u> 단어는 무엇일까?

① 일기(日記)
② 일광욕(日光浴)
③ 차일(遮日)
④ 일조량(日照量)

동이처럼 생긴

동이 분(盆) 땅 지(地)

분지
盆地

산으로 둘러싸인 평평한 땅, 그러니까 주변이 높은 지형으로 둘러싸인 움푹하고 낮은 지형을 분지라고 해. 왜 분지라 하는지 궁금하다고? '동이 분(盆)'에 '땅 지(地)'야. 동이처럼 생긴 땅이라는 뜻이지. 동이가 뭐냐고? 항아리야. 옛날에 물을 긷거나 물건을 담을 때 사용했던 물건이지. 둥글고 배가 불러 있으며 아가리가 넓은 질그릇이야. 질그릇은 진흙으로 구워서 만든 그릇을 말해.

분지는 주변이 산으로 둘러싸여 있기에 겨울철에 불어오는 북서 계절풍을 막아 주고, 외적을 방어하는 데도 유리해. 산에서 흘러 내려온 물줄기들이 분지에서 합류하기 때문에 물도 풍부하고, 산에서 얻는 임산물도 풍부하지. 반면 비구름이 들어오기 힘들어서 강수량이 적은 것도 특징이야.

우리나라의 대표적인 분지는 대구, 남원, 구례, 곡성이야. 안동, 상주, 김천도 분지란다. 울릉도 나리 분지도 유명하지.

고원은 분지와 달라. 고원은 '높을 고(高)', '들판 원(原)'으로 말 그대로 높은 곳에 있는 들판을 가리켜. 해발 고도 600미터 이상에 위치한 넓은 벌판이 고원이야. 해발은 또 무슨 뜻이냐고? '바다 해(海)' '뽑을 발(拔)'로 '바다로부터 뽑아 올린 길이'라는 뜻이야.

☀ **한자 뜯어보기**

| 분 | 盆 | 동이

• 화분(花盆): 화초를 심고 가꾸는 그릇. 꽃 화(花)
• 분재(盆栽): 화분에 심어서 가꾼 화초나 나무. 심을 재(栽)
• 수분(水盆): 물을 담아 그 속에 꽃이나 돌 등을 놓는 그릇. 물 수(水)

| 지 | 地 | 땅, 장소, 지역, 처지

• 지주(地主): 땅의 주인. 주인 주(主)
• 지대(地帶): 어떤 공통적인 특성으로 묶이는 일정한 구역. 띠 대(帶)
• 역지사지(易地思之): 처지를 바꾸어서 그것을 생각함. 바꿀 역(易), 생각 사(思), 그것 지(之)

생각해 보기

이번 꼭지에서 배운 다양한 한자들에 대한 설명 중 옳지 <u>않은</u> 것을 골라 봐.

① 해발 고도가 더 높은 지형으로 둘러싸인 평지를 '분지'라 한다.
② 분지(盆地)의 분(盆)은 동이라는 뜻이다.
③ 처지를 바꾸어서 그것에 대해 생각함을 역지사지라 한다.
④ 역지사지의 '지(之)'는 '가다'라는 뜻이다.

전기를 반절만 통하게 하는 물건

반도체
半導體

반절 반(半) 통할 도(導) 물건 체(體)

'반도체 산업은 기술 집약적 산업으로 고도의 기술이 필요하다'라는 이야기 들어 본 적 있지? 우리나라의 반도체 산업은 세계 1위라는 이야기도 들어 봤을 기야.

반도체는 '도체'와 '부도체'의 중간이란다. 도체는 뭐고 부도체는 뭐냐고? '도(導)'는 '통하다'는 의미고 '체'는 물건 혹은 물질이라는 의미야. 그러니까 도체(導體)는 금속처럼 열이나 전기의 전도율이 비교적 큰 물질을 말하고 부도체(不導體)는 열이나 전기의 전도율이 극히 적은 물질을 말하지. 부도체를 절연체라고도 하는 이유는 '끊을 절(絶)', '연줄 연(緣)'으로 연줄을 끊는 물질이기 때문이야.

반도체는 전기를 전하는 정도가 부도체보다는 높고 전도체보다는 낮은 물질이야. 온도나 압력 등의 주위 환경 변화에 따라 전도의 정도가 조절되며 불순물이 극미량 섞인 게르마늄이나 실리콘이 대표적이지. 트랜지스터, 집적 회로 등에 사용되었었는데 근래에는 여러 용도의 감지기(感知器)에도 많이 사용되고 있단다.

우리나라를 한반도라 해. '한민족이 사는 반절이 섬인 땅'이라는 의미야. '한국 한(韓)', '반절 반(半)', '섬 도(島)'지. 반절이 섬이라는 말은 3면은 바다로 둘러싸여 있고 한 면만 육지에 연결된 땅이라는 뜻이야.

◦〰 한자 뜯어보기

│ 도 │ 導 │ 통하게 하다, 이끌다

- 지도자(指導者): 앞장서 거느리고 이끄는 사람. 가리킬 지(指)
- 도입(導入): 기술, 방법, 물자 등을 끌어들임. 들 입(入)
- 유도(誘導): 꾀어서 의도하는 방향으로 이끎. 꾈 유(誘)

│ 연 │ 緣 │ 인연, 연줄

- 학연(學緣): 출신 학교에 따라 연결된 인연. 배울 학(學)
- 결연(結緣): 인연을 맺음. 또는 그런 관계. 맺을 결(結)
- 연유(緣由): 일의 까닭이나 이유. 말미암을 유(由)

생각해 보기

다음 중 반도체의 도(導)와 한자가 <u>다른</u> 단어는 무엇일까?

① 지도자
② 한반도
③ 도입
④ 유도

막아서 땅을 넓히다

간척지
干拓地

막을 간(干) 넓힐 척(拓) 땅 지(地)

호수나 바닷가에 둑을 쌓아 그 안에 있는 물을 빼내고 농경지나 공업 용지로 만드는 일을 간척이라 하고, 간척공사로 만든 땅을 간척지라 해. '간척'이라는 뜻을 모르겠다고? '막을 간(干)', '넓힐 척(拓)'이야. 물을 막아서 땅을 넓혔다는 뜻이지.

'새만금 간척사업' 알지? 전북 군산, 김제, 부안 일원에 조성되는 다목적 용지 확보 사업이야. 여의도 면적의 140배의 땅이 생겼고 방조제는 33.9km로 세계에서 가장 길다고 하지. 방조제가 무슨 뜻이냐고? '막을 방(防)' '조수 조(潮)', '둑 제(堤)'로 '조수를 막아내는 둑'이라는 의미야. '조수(潮水)'는 밀물과 썰물을 통틀어 이르는 말이지. 갯벌을 간척하게 되면 그만큼 국토의 이용 면적은 증가해. 계화도와 천수만 간척으로 농지가 증가했고 대불과 안산에는 공업단지가 조성되었지.

하지만 세상일의 대부분이 그러한 것처럼 간척사업 역시 문제점도 있어. 환경을 파괴하고 어패류를 죽이는 문제가 그것이지. 어패류가 뭐냐고? '물고기 어(魚)', '조개 패(貝)'로 물고기와 조개를 아울러 이르는 말이야.

간석지는 갯벌의 다른 이름이야. '막을 간(干)', '갯벌 석(潟)', '땅 지(地)'로 바닷물이 육지로 올라오는 것을 막아 주는 갯벌로 된 땅이라는 뜻이야. 밀물 때에는 물에 잠겼다가 썰물 때에는 물 밖으로 드러나는 모래 점토질의 땅이지.

☀️ 한자 뜯어보기

| 간 | 干 | 막다, 방패

• 간섭(干涉): 괜히 막아서고 관계하려 덤빔. 관계할 섭(涉)
• 난간(欄干): 가장자리에 기둥을 이용해 막아 세운 구조물. 난간 난(欄)
• 간조(干潮): 바닷물이 빠져나가 해수면이 가장 낮아진 상태. 조수 조(潮)

| 척 | 拓 | 넓히다

• 개척(開拓): 새로운 길을 엶. 열 개(開)
• 미개척(未開拓): 아직 개발되거나 연구되지 않음. 아닐 미(未)
• 척식(拓植): 미개지를 개척하여 자국민을 이주시켜서 정착하게 함. 심을 식(植)

생각해 보기

수행평가를 위해 새만금 간척사업에 대해 조사에 나섰어. 조사 내용으로 옳지 못한 것은 무엇일까?

① 1991년부터 2004년까지 시행되었어.
② 환경운동단체 및 주민들이 반대 운동을 펼쳤다고 해.
③ 전라북도 군산시와 부안군을 연결하는 세계 최장 길이의 방조제를 축조했어.
④ 새만금 간척사업으로 인해 생긴 땅 대부분은 원래 의도대로 농업용으로 쓰이고 있어.

□ 위정척사 □ 실사구시 □ 대동법 □ 강화조약
□ 상평창 □ 황국신민화 □ 동학농민혁명 □ 노비안검법
□ 인해전술 □ 창씨개명 □ 갑오개혁 □ 권문세족
□ 정계비 □ 시일야방성대곡 □ 선사시대
□ 포도청 □ 탕평책 □ 홍익인간

5장

국사 國史

감이 오는 글자가 한 자도 없다고?

지킬 위(衛) **바를 정**(正)
물리칠 척(斥) **사악할 사**(邪)

위정척사
衛正斥邪

"위정척사는 조선 후기에 나온, 성리학을 지키고 천주교를 물리치자는 주장이었다."라는 설명이 잘못된 설명은 아니지만 부족한 설명인 건 분명해. 어떻게 설명해야 옳으냐고?

"위정척사는 지킬 위(衛), 바를 정(正), 물리칠 척(斥), 사악할 사(邪)야. 바른 것은 지키고 사악한 것은 물리쳐야 한다는 유학자들의 주장이었지."

이렇게 설명해야 옳은 설명이고 좋은 설명이야. 이해도 쉽고 암기까지 쉬워지기 때문이지.

물론 여기서 끝내서도 안 돼. 무엇이 바른 것이고 무엇이 사악한 것인지까지 알아야 완벽하지. 유학자의 입장에서는 올바른 것은 성리학(性理學)이었고, 사악한 것은 서양에서 들어온 서양문물과 천주교(天主教)였어. 사람들은 이것을 서학(西學)이라고 불렀지. 서양의 학문이라는 뜻으로. 조선 후기에 외국의 세력 및 문물이 침투하자 이를 배척하고 성리학 질서를 지킬 것을 주장하며 일어난 사회 운동이 위정척사 운동이었던 거야.

위정척사 운동은 조선의 전통적인 사상을 지키고 서양 사상을 물리치자는 운동이었어. 처음에는 서학에 반대했고, 이후에 서양과의 통상 반대 운동으로 이어졌으며, 일본에 맞선 항일의병 운동으로까지 발전했지.

- \|/ ,
-`한자` **뜯어보기**

| 위 | 衛 | 지키다, 보호하다

- 위생(衛生): 생명을 지킴. 생명 생(生)
- 국토방위(國土防衛): 나라를 적으로부터 막고 지킴. 막을 방(防)
- 수위(守衛): 관공서나 회사에서 지키고 보호하는 일을 맡아보는 사람. 지킬 수(守)

| 척 | 斥 | 물리치다

- 배척(排斥): 반대하거나 거부하여 밀어 내침. 밀칠 배(排)
- 척왜(斥倭): 일본의 문물이나 세력을 거부하여 물리침. 일본 왜(倭)
- 척력(斥力): 같은 종류의 전기나 자기를 가진 두 물체가 서로 밀어내는 힘. 힘 력(力)

생각해 보기

위정척사 운동에 참여한 유학자를 위정척사파라고 불러. 위정척사파와 반대되는 입장에 있는 유학자들이 _____파야. 빈칸에 들어갈 단어가 무엇일까?

① 개화   ② 노사
③ 수신   ④ 폐쇄

창고라서 '창'입니다

상평창
常平倉

항상 상(常) 평평할 평(平) 창고 창(倉)

고려와 조선 시대에 물가 조절 기관이 있었는데 그 명칭이 의창일까, 상평창일까, 혜민국일까? 헷갈린다고? 알았었는데 잊어버렸다고? '평'이 '평평할 평(平)'인 것만 알아도 쉬운 일인데.

상평창은 '항상 상(常)', '평평할 평(平)', '창고 창(倉)'이야. 물가(物價), 즉 물건의 가격을 항상 평평하게 만들어 주는 창고지. 이제 확실하게 알 수 있고 헷갈리지도 않을 것 같지? 바로 이거야. 한자를 활용하여 공부해야 하는 이유가 여기에 있어.

'상평'은 '상시평준(常時平準)'의 준말로 항상 평평하게 만든다는 의미야. 풍년에 물가가 떨어지면 사들여 비축하였다가 흉년에 물가가 오르면 방출(放出)함으로써 곡물 가격을 조절하여 백성들의 생활을 안정시켰던 기관이었어. 조선 시대에 널리 유통되었던 대표적인 화폐가 상평통보였던 것 알고 있지? 조선 말기에 현대식 화폐가 나오기 전까지 사용되었어. '통보'는 '통할 통(通)', '보배 보(寶)'야. '거래를 통하게 만드는 보물'이라는 뜻 아니었을까?

'의로울 의(義)'에 '창고 창(倉)'을 쓴 의창(義倉)은 '의로운 창고'라는 뜻이야. 흉년이나 재해가 발생했을 때 가난한 백성들을 구제하기 위해 곡식을 저장해 두는 기관이었지.

 \\\\'/
-`한자` 뜯어보기

| 창 | 倉 | 곳집, 창고, 감옥

• 영창(營倉): 법을 어긴 군인을 가두기 위하여 부대 안에 설치한 감옥. 지을 영(營)
• 창고(倉庫): 물건이나 자재를 저장하거나 보관하는 건물. 곳집 고(庫)
• 사창(社倉): 조선 시대에 각 고을의 환곡을 저장하여 두던 곳집. 모일 사(社)

| 평 | 平 | 평평하다, 고르다, 쉽다, 화평하다

• 평면(平面): 평평한 표면. 표면 면(面)
• 평균(平均): 많고 적음이 없이 고른 상태. 고를 균(均)
• 평이(平易): 까다롭지 아니하고 쉬움. 쉬울 이(易)

생각해 보기

이번 꼭지에서 배운 다양한 한자들에 대한 설명 중 옳지 <u>않은</u> 것을 골라 봐.

① 상평창은 항상 평평하게 만들어 주는 창고라는 뜻이다.
② 상평통보의 통보는 '통할 통(通)', '보배 보(寶)'다.
③ 의창은 백성들을 구제하기 위해 곡식을 저장해 두었던 창고였다.
④ 평이(平易)란 평균이 아닌 이상한 것이라는 뜻이다.

사람이 바닷물만큼 많다

사람 인(人) 바다 해(海)
싸움 전(戰) 재주 술(術)

인해전술
人海戰術

국군과 유엔군이 혜산진과 청진을 점령하였을 때, 그때 통일(統一)이 될 수도 있었다고 했어. 중공군의 인해전술만 없었더라면.

중공군이 중국 공산당 군대의 줄임말인 섯은 알겠는데 인해전술은 모르겠다고? '사람 인(人)', '바다 해(海)'로 사람이 바닷물만큼 많다는 뜻이야. 엄청 많은 병사를 동원한 전술이라는 의미지. 수적 우위를 활용한 전략이라고 할 수 있어. 사람이 많이 모였을 때 인산인해(人山人海)라고 표현하지? 사람이 산처럼 많고 사람이 바다처럼 많다는 의미인데 인해전술은 여기에서 나온 말인 것 같아.

인해전술은 막대한 인명피해를 수반하는 전근대적인 전술이기에 인명(人命)을 경시(輕視)하는 비인도적인 전술이라는 비난을 면할 수 없어. 전근대적의 '전'은 '앞 전(前)'이야. 근대 이전이라는 뜻으로 옛날의 사고방식이나 행동을 말한단다. 인명 경시는 '사람 인(人)', '목숨 명(命)', '가벼울 경(輕)', '볼 시(視)'로 사람의 목숨을 가볍게 본다는 뜻이야. 비인도적(非人道的)은 사람의 도리에 어긋난다는 뜻이겠지.

'연막전술'도 들어 봤지? '연기 연(煙)', '막 막(幕)'의 연막은 연기로 치는 막이야. 그렇기에 연막전술은 행동이나 목표물을 적에게 보이지 않도록 하는 전술을 말해. 교묘한 수단을 써서 상대편이 갈피를 못 잡게 하는 일을 비유적으로 이르는 말이야.

☀ **한자 뜻어보기**

| 인 | 人 | 사람

- 인지상정(人之常情): 사람이면 누구나 가지는 보통의 감정. 관형격 조사 지(之), 보통 상(常), 감정 정(情)
- 진인사대천명(盡人事待天命): 사람으로 할 일을 다 한 다음에 하늘의 명령을 기다림. 다할 진(盡), 기다릴 대(待), 명령 명(命)
- 안하무인(眼下無人): 눈 아래에 사람이 없음, 교만하여 남을 업신여김. 눈 안(眼), 아래 하(下), 없을 무(無)

| 해 | 海 | 바다

- 항해(航海): 배를 타고 바다 위를 다님. 배 항(航)
- 해운(海運): 바다에서 배를 이용하여 사람이나 물건을 나르는 일. 옮길 운(運)
- 영해(領海): 영토에 인접하여 그 나라의 주권이 미치는 범위의 바다. 다스릴 영(領)

생각해 보기

혹시 6.25 전쟁이 몇 년도에 일어났는지 기억나? 모르겠으면 지금 체크하고 가자.

① 1950년   ② 1951년
③ 1952년   ④ 1953년

경계를 정하기 위해 세운 비석

정할 정(定) 경계 계(界) 비석 비(碑)

정계비
定界碑

1712년 숙종 38년에 백두산 천지 동남방 약 4㎞ 지점에 비석 하나를 세웠는데 이것을 정계비라 해. 백두산에 세워졌기에 백두산정계비라 했는데 줄여서 정계비라 부르는 거야.

정계비란 '정할 정(定)', '경계 계(界)', '비석 비(碑)'로 경계를 정하는 비석이라는 의미야. 정계비에는 "서(西)로는 압록강, 동(東)으로는 토문강을 경계로 한다."라고 쓰여 있어.

'비(碑)'가 뭐냐고? 역사적인 사건 등을 기념하기 위해 돌, 쇠붙이, 나무 등에 그 내용을 새겨 세워 놓은 물건을 말해. 그 내용과 용도에 따라 비의 이름도 달라지지. 척화비는 '물리칠 척(斥)', '화해할 화(和)', '비석 비(碑)'로 서양 세력과 화합하는 것을 물리치겠다는 의지를 담은 비석이야. 순수비는 '순행할 순(巡)', '순찰할 수(狩)', '비석 비(碑)'로 왕이 나라 곳곳을 다스리고 백성을 돌보기 위해 돌아다녔음을 기념하기 위해 세운 비석이지. 대표적인 순수비가 진흥왕 순수비인데 지금까지 4개가 발견되었단다.

"그는 우리나라 정계를 주름잡고 있다."라는 뉴스를 본 적 있지? 여기서 정계(政界)는 정치 정(政), 세계 계(界)로 정치의 세계라는 뜻이야. 정치상의 논쟁과 활동이 행해지는 활동 분야를 말하지.

☀️ 한자 뜯어보기

| 정 | 定 | 정하다

• 정기(定期): 기간이나 시기를 정해 놓음. 기간 기(期)
• 선정(選定): 선택하여(가려서) 정함. 가릴 선(選)
• 개정(改定): 이미 정하였던 것을 고쳐 다시 정함. 고칠 개(改)

| 계 | 界 | 경계, 사회(세계)

• 한계(限界): 힘, 책임, 능력 등이 다다를 수 있는 범위. 제한 한(限)
• 재계(財界): 자본을 많이 가진 기업인과 금융업자의 사회. 재물 재(財)
• 각계(各界): 사회의 여러 분야. 각기 각(各)

생각해 보기

이번 꼭지에서 배운 다양한 한자들에 대한 설명 중 옳지 <u>않은</u> 것을 골라 봐.

① 정계비는 경계를 정하는 비석이다.
② 순수비는 순수한 마음을 간직하기 위해 세운 비석이다.
③ 척화비는 '물리칠 척(斥)', '화해할 화(和)', '비석 비(碑)'다.
④ 기간이나 시기를 정해 놓음을 '정기(定期)'라 한다.

먹는 포도와 상관없다

잡을 포(捕) 도둑 도(盜) 관청 청(廳)

포도청
捕盜廳

먹고살기 위해서 해서는 안 될 짓까지 하는 사람을 보면서 "목구멍이 포도청 (捕盜廳)이다."라는 말을 하곤 해. 목구멍에 음식을 넘기기 위해, 즉 먹고 살기 위해 포도청에 잡혀가는 것끼지 각오한다는 뜻이야.

포도청은 '잡을 포(捕)', '도둑 도(盜)', '관청 청(廳)'으로 도둑을 잡는 관청이었어. 도둑이나 그 밖의 범죄자를 잡고 죄인을 심문하였으며 화재 예방을 위해 순찰을 맡았지. 포도청의 우두머리를 포도대장(捕盜大將)이라 했어.

경찰청에 비교할 관청은 의금부(義禁府)가 아니냐고? 사극을 보면 의금부라는 관청이 자주 등장해서 죄인을 심문하곤 하지. 그런데 의금부는 경찰청과 하는 일이 조금 달라. '의로울 의(義)', '금할 금(禁)'으로 의로움을 세우고 잘못을 금지하도록 만드는 관청이라는 뜻으로 임금의 명에 의해 중죄인을 다스리는 일을 맡아보던 관청이야. 임금 직속으로 중요한(?) 죄인들을 심문하고 처벌했지. 오늘날의 검찰청과 법원과 국가정보원을 합친 기관이라고 할 수 있을 것 같아. 금부도사(禁府都事)는 의금부에 속하여 임금의 특명에 따라 중한 죄인을 신문(訊問)하는 일을 맡아 보던 벼슬이었어.

함께 알면 좋아요

포도청이 했던 역할을 지금은 경찰청이 하고 있어. '경계할 경(警)', '실필 찰(察)', '관청 청(廳)'의 경찰청은 범죄자를 경계하고 국민의 안전과 재산을 살펴주는 관청이라는 의미야.

한자 뜯어보기

| 포 | 捕 | 잡을 포

- 포로(捕虜): 사로잡은 적, 마음이 쏠리거나 매여 꼼짝 못 하는 상태. 포로 로(虜)
- 포박(捕縛): 잡아서 묶음. 묶을 박(縛)
- 생포(生捕): 산 채로 잡음. 살 생(生)

| 도 | 盜 | 도둑, 훔치다

- 강도(強盜): 폭행이나 협박으로 남의 재물이나 재산을 빼앗는 도둑. 강제 강(強)
- 도난(盜難) : 도둑에게 돈이나 귀중품을 잃은 재앙. 재앙 난(難)
- 도용(盜用): 남의 것을 몰래 사용함. 사용할 용(用)

생각해 보기

포도청의 총책임자는 포도_____이었어. 밑줄에 들어갈 단어가 뭘까? 한 무리의 우두머리라는 뜻으로 평소에도 많이 쓰는 단어야.

① 청장   ② 서장
③ 대장   ④ 부장

실제 실(實) 일 사(事)
구할 구(求) 옳을 시(是)

실사구시
實事求是

실사구시(實事求是)의 뜻을 찾아보면 '사실에 토대를 두어 진리를 탐구하는 일'이라는 풀이가 나와. '실제 실(實)', '일 사(事)', '구할 구(求)', '옳을 시(是)'로 실제의 일에서 옳은 것을 구한다는 의미야. 사실에 토대를 두어 진리를 탐구하려는 태도를 말하지.

실사구시를 주장했던 사람들은 청나라 고증학파(考證學派)로 이들은 눈으로 보고 귀로 듣고 손으로 만져 보며 다양한 분야에 걸쳐 실험하고 연구했어. 아무도 부정할 수 없는 객관적 사실을 통하여 정확한 판단과 해답을 얻고자 했던 거야.

실사구시의 정신은 조선의 실학(實學)에 큰 영향을 미쳤어. 실학(實學)이 뭐냐고? '실제 실(實)'로 실제로 소용되는 학문이라는 뜻이야. 실생활의 유익을 목표로 한 새로운 학풍이었는데 실사구시와 이용후생을 강조했지. 기술을 중요하게 생각하고 경제생활 향상을 연구했어.

이용후생은 '편리할 이(利)' '사용할 용(用)' '두터울 후(厚)' '생활 생(生)'이야. 물건을 편리하게 사용하도록 하고 생활을 두텁게 한다는 뜻이지. '생활을 두텁게 한다'는 삶을 정신적으로나 경제적으로 풍부하고 윤택하게 만든다는 뜻이란다.

한자 뜯어보기

| 실 | 實 | 열매, 실제, 채우다, 속, 참되다

• 실제(實際): 있는 사실이나 현실 그대로. 즈음 제(際)
• 성실(誠實): 정성스럽고 참되고 착실함. 정성 성(誠)
• 실적(實績): 어떤 일을 통해 쌓은 실제의 업적이나 공적. 쌓을 적(積)

| 구 | 求 | 구하다, 탐내다, 힘쓰다

• 욕구(欲求): 무엇을 얻고자 하거나 무슨 일을 하고자 하는 바람. 하고자할 욕(欲)
• 추구(追求): 어떤 목적을 달성할 때까지 좇아 구함. 쫓을 추(追)
• 구형(求刑): 피고인에게 어떠한 형벌을 줄 것을 검사가 판사에게 요구함. 형벌 형(刑)

생각해 보기

다음 중 실학자가 <u>아닌</u> 사람은 누구일까?

① 정도전   ② 이익
③ 정약용   ④ 유형원

내가 황국의 신민이라고?

황제 황(皇) **나라 국**(國)
신하 신(臣) **백성 민**(民) **될 화**(化)

황국신민화
皇國臣民化

만주 사변 때부터 일제의 패망까지 일본이 우리나라에 적용한 정책을 황국신민화 정책이라고 해. 한자를 보면 황국(皇國)의 신민(臣民)으로 만들겠다(化)라는 뜻이지.

일본의 왕을 천황이라 부르는데 하늘의 황제, 즉 만물을 지배하는 황제라는 뜻이야. 그리고 신민이란 신하와 백성을 가리키는 말이지. 그러니까 황국신민화란 일본 천황의 충실한 신하와 백성으로 만들고자 하는 정책이야. 일제가 식민통치를 정당화하고 전쟁 협력을 강화하기 위한 것이었지.

일제는 황국신민화를 위해 '내선일체'라는 구호를 내걸었어. 내선일체가 뭐냐고? '일본 내(內)', '조선 선(鮮)', '하나 일(一)', '몸 체(體)'로 일본과 조선은 한 몸이라는 뜻이야. 일본을 왜 '내(內)'라 부르냐고? 해외 식민지를 외지(外地)라 했기에 상대적 개념으로 일본인 입장에서의 본토를 내지(內地)라 했던 거란다.

일제란 '일본 제국주의'의 준말이야. 제국주의를 실천하는 일본이라고 이해하면 된단다. 제국주의(帝國主義)란 황제(帝)가 다스리는 나라(國)를 만들겠다는 생각을 말해. 남의 나라를 정복해 큰 나라를 만들려는 침략주의적 경향을 말하지.

한자 뜯어보기

| 황 | 皇 | 임금

- 교황(敎皇): 가톨릭교회의 가장 높은 성직자. 교회 교(敎)
- 천황(天皇): 일본에서, 그들의 임금을 이르는 말. 하늘 천(天)
- 황제주(皇帝株): 사고파는 값이 가장 비싼 주식. 임금 제(帝), 주식 주(株)

| 신 | 臣 | 신하

- 사신(使臣): 나라의 명을 받고 외국에 파견되던 신하. 시킬 사(使)
- 대신(大臣): 큰 신하, 장관(長官)을 이르는 말. 큰 대(大)
- 공신(功臣): 나라를 위해 공을 세운 신하. 공로 공(功)

생각해 보기

다음 중 '신(臣)'이 들어가지 <u>않는</u> 단어는 무엇일까?

① 천주교 신자
② 군신유의
③ 나쁜 간신
④ 만고의 충신

성을 만들고 이름을 고치다

만들 창(創) 성 씨(氏)
고칠 개(改) 이름 명(名)

창씨개명
創氏改名

창씨개명은 '창씨'와 '개명'이 더해진 말이야. 창씨는 '만들 창(創)', '성 씨(氏)'로 성(姓)을 새로 만든다는 뜻이고, '고칠 개(改)', '이름 명(名)'의 개명은 이름을 고친다는 뜻이야. 일제강점기에 일제가 우리의 성과 이름을 일본식으로 바꿀 것을 강요한 정책이었지.

일제는 내선일체라는 구호를 내걸고 민족말살 정책을 시행했는데 이 과정에서 일본은 조선 사람들의 정신을 완전히 바꾸려고 말도 안 되는 것들을 강요했어. 창씨개명도 그중 하나야. 우리 민족의 존재 자체를 지워 버리려는 이런 시도를 민족말살 정책이라고 해. 민족을 말살(抹殺)한다는 뜻이지.

민족말살 정책 중 식민 사관이 있어. 식민 사관이란 우리나라의 역사를 식민지 역사로 보는 사관이야. 사관은 '역사 사(史)', '관점 관(觀)'으로 역사를 보는 관점이라는 뜻이야. '심을 식(植)', '백성 민(民)', '땅 지(地)'의 식민지는 백성을 심은 땅이라는 의미로 한 나라가 다른 나라를 침략한 후 자기 백성을 심어 마음대로 다루는 땅을 말하지. 일제는 자신들의 지배를 정당화하기 위해 억지로 이런 엉터리 관점을 만들어냈어.

일제의 탄압에 대부분의 조선인들은 창씨개명을 할 수밖에 없었지만 그 와중에도 다양한 방식으로 창씨개명에 저항했어. 창씨개명으로 만든 이름에 일제를 비판하는 의미를 담기도 했지.

-`¦´- 한자 **뜯어보기**

｜창｜創｜ 만들다, 비롯하다

- 창업(創業): 처음으로 시작하여 기초를 세움. 일 업(業)
- 창의성(創意性): 새롭고 남다른 것을 생각해 내는 성질. 뜻 의(意)
- 독창(獨創): 독특하게 만들어 내거나 생각해 냄. 독특할 독(獨)

｜씨｜氏｜ 성씨

- 모씨(某氏): '아무개'를 높여 이르는 말. 아무 모(某)
- 형씨(兄氏): 상대편을 조금 높여 가리키는 말. 형 형(兄)
- 무명씨(無名氏): 이름을 모르는 사람을 높이어 이르는 말. 없을 무(無), 이름 명(名)

생각해 보기

요즘은 창씨개명과 함께 ＿＿＿＿＿＿＿(이)라는 말을 널리 쓰니 참고하면 좋겠어. 빈칸에 들어갈 말이 뭘까?

① 이름 변경
② 조선 성명 탈락
③ 일본식 성명 강요
④ 이름 새로 짓기

소리 놓아 크게 통곡한다

이 시(是) 어조사 야(也)
놓을 방(放) 소리 성(聲) 울 곡(哭)

시일야방성대곡
是日也放聲大

일본은 대한제국의 외교권을 박탈하기 위해 1905년에 대신들을 압박하여 강제로 을사늑약을 체결했어. 시일야방성대곡은 장지연이 11월 20일 황성신문에 을사늑약이 부당함을 알리려고 쓴 논설의 제목이야. 제목을 그대로 해석하면 '이(是) 날(日), 목 놓아(放) 소리(聲) 내어 크게(大) 통곡(哭)한다'라는 뜻이야. 을사늑약의 부당성을 알리고 늑약 체결에 찬성하거나 막지 못한 이완용 등의 대신들을 비판하는 내용으로 구성되었지.

"오호라. 개돼지 새끼만도 못한 소위 우리 정부 대신이라는 작자들이 이익을 추구하고 위협에 겁을 먹어 나라를 파는 도적이 되었으니, 사천 년 강토와 오백 년 종사를 남에게 바치고 이천만 국민을 남의 노예로 만들었으니……. (중략) 아, 원통하고도 분하도다. 우리 이천만 남의 노예가 된 동포여! 살았는가? 죽었는가?"

절규에 가까운 이 논설은 온 나라를 통곡으로 몰아넣었어. 이 일로 장지연은 구속되었고 황성신문도 3개월 동안 간행을 금지당하였단다.

을사늑약은 을사년(1905)에 일본이 한국의 외교권을 빼앗기 위하여 강제적으로 맺은 늑약이야. 보통은 조약이라 하는데 왜 늑약이라 하냐고? 압박과 회유로 억지로 맺은 조약이었기 때문이야. '억누를 늑(勒)', '맺을 약(約)'을 써.

☆ 한자 뜯어보기

| 시 | 是 | 이것, 옳다

- 역시(亦是): 또 이것, 마찬가지로. 또한 역(亦)
- 시비(是非): 옳으니 그르니 하는 말다툼. 그를 비(非)
- 시인(是認): 옳다고 인정함. 인정할 인(認)

| 방 | 放 | 놓다, 달아나다

- 방학(放學): 배우는 일을 놓다. 배울 학(學)
- 방심(放心): 마음을 놓아 버림. 마음 심(心)
- 방전(放電): 전기가 밖으로 달아나는 현상. 전기 전(電)

생각해 보기

외교권을 뺏기자 고종은 _____로 특사를 보내 부당함을 알리려 했어.
이 특사들을 _____특사라고 해. 빈칸에 들어갈 말이 뭘까?

① 코펜하겐

② 피렌체

③ 헤이그

④ 프라하

넓고 크고 평탄하게

넓고 클 탕(蕩) 평탄할 평(平) 정책 책(策)

탕평책
蕩平策

남인, 북인, 노론, 소론이라고 들어 봤지? 조선 후기, 정치하는 사람들 사이에 서로 무리를 지어 갈라진 붕당의 이름이야. 붕당이 뭐냐고? '벗 붕(朋)', '무리 당(黨)'으로 친구끼리 만든 당이라는 뜻이야. 정치적 이념과 주장 또는 이해관계(利害關係)에 따라 결합한 집단을 이르던 말이었지. 사람들이 붕당을 이루어 상호 비판하고 견제하면서 행하던 정치를 붕당정치라 했어.

탕평책은 영조가 당파 싸움을 막고 당파 간의 세력 균형을 위해 추진한 정책이었어. 붕당정치의 폐해를 알고 있던 영조가 붕당 간의 대립을 완화하고 왕권을 강화하기 위하여 각 당파에서 인재를 고르게 등용하였던 정책이었지. '탕평'이 무슨 뜻이냐고? '넓고 클 탕(蕩)', '평탄할 평(平)'이야. "무편무당 왕도탕탕 무당무편 왕도평평(無偏無黨 王道蕩蕩 無黨無偏 王道平平)"이라는 《서경(書經)》의 문장에서 유래되었지. "치우침과 무리 짓는 일이 없으면 왕도가 넓어지고 커지고 평탄하다."라는 뜻이란다.

봉당정치도 문제였지만 세도정치도 문제가 많았어. 세도정치란 '권력 세(勢)', '길 도(道)'로 권력을 가지고 자신의 길을 간다는 의미야. 왕의 친척이나 신하가 강력한 권력을 잡고 나라의 온갖 일을 마음대로 하는 정치를 말해.

- 한자 뜯어보기

| 탕 | 蕩 | 넓고 크다, 방탕하다, 움직이다, 용서하다

- 탕감(蕩減): 빚이나 요금, 세금 따위의 물어야 할 것을 덜어 줌. 덜 감(減)
- 소탕(掃蕩): 휩쓸어 죄다 없애 버림. 쓸어버릴 소(掃)
- 방탕(放蕩): 주색잡기에 빠져 행실이 좋지 못함. 놓을 방(放)

| 책 | 策 | 정책, 꾀

- 속수무책(束手無策): 손이 묶여 방책이 없음. 묶을 속(束), 손 수(手)
- 상책(上策): 가장 좋은 꾀. 위 상(上)
- 고육책(苦肉策): 몸을 고통스럽게 하면서 낸 꾀. 고통 고(苦), 몸 육(肉)

생각해 보기

일제는 붕당정치와 탕평책 등을 비하하며 '이러니까 조선인들은 일본에 지배 당할 수밖에 없다'라는 억지 논리를 펼쳤어. 이 억지 논리를 뭐라고 부를까?

① 억지사관

② 일제사관

③ 민족사관

④ 식민사관

크게 같게 만들다

대동법
大同法

큰 대(大) 같을 동(同) 방법 법(法)

가정 살림에 물건과 돈이 필요한 것처럼 나라 살림에도 물건과 돈이 필요해. 나라 살림을 위해 국민이 내는 돈이나 물건을 조세라 하지. 조선 전기의 조세 제도에 공납도 있었고 역도 있었어. 공납은 '바칠 공(貢)', '바칠 납(納)'으로 백성들이 그 지방에서 나는 특산물을 조정에 바치던 일이었지. 그리고 역은 '일 시킬 역(役)'으로 육체적 노동을 제공하는 일이었단다. 군대에 가서 나라를 지키는 일, 도로를 정비하는 일, 성을 쌓는 일 등이 그것이었지.

백성들이 가장 힘들어했던 것은 공납이었어. 특산품을 생산할 수 없는 때가 있었기 때문이었고, 무엇보다도 관리들의 횡포가 심했기 때문이었지.

이런 백성들의 고통을 덜어주기 위한 제도가 대동법이었어. 대동법은 '큰 대(大)', '같을 동(同)', '방법 법(法)'으로 크게 같은 방법으로 세금을 내게 한다는 뜻이야. 각각의 특산품이 아니라 쌀로 환산해서 내도록 하고 산간이나 해안지역에서는 무명(직물)으로 내도록 했던 제도였지.

대동법은 방납 때문에 시행되었어. 방납이란 '막을 방(防)', '공납 납(納)'으로 공납하는 것을 막는 일이었어. 당시 관리와 상인은 백성들이 공납하는 것을 막고 자신들이 백성들을 대신해 공납한 다음 백성들에게 그보다 더 많은 것들을 받아냈거든.

한자 __뜯어보기__

| 대 | 大 | 크다, 많다, 훌륭하다

• 대중적(大衆的): 대다수 사람을 중심으로 한. 무리 중(衆)
• 대중화(大衆化): 큰 무리 사이에 널리 퍼져 친숙해짐. 될 화(化)
• 대선(大選): 대통령 선거. 뽑을 선(選)

| 동 | 同 | 같다, 모이다, 함께, 한가지

• 동생(同生): 같은 부모에게 태어난 사람. 날 생(生)
• 동의(同意): 뜻을 같이함. 뜻 의(意)
• 동화(同化): 다르던 것이 서로 같게 됨. 될 화(化)

__생각해 보기__

대동법이 시행된 후, 중앙관청에서 필요로 하는 물품을 사서 납부하는 상인을 공인이라고 해. 다음 중 맞는 한자는 무엇일까?

① 公認   ② 工人
③ 公印   ④ 貢人

서학의 반대, 그리고 농민

동녘 동(東) 학문 학(學) 농사 농(農)
백성 민(民) 고칠 혁(革) 목숨 명(命)

동학농민혁명
東學農民革命

우리 역사에서 가장 큰 규모의 민중 항쟁이 반봉건, 반외세를 내세운 동학농민혁명인 것은 알고 있지? 반봉건, 반외세의 '반'이 '반대할 반(反)'이니까 반봉건(反封建)은 봉건주의를 반대한다는 의미고 반외세(反外勢)는 외국 세력을 반대한다는 의미란다. 탐관오리를 처벌하고 조세 개혁을 주장하였으며 일본의 침략을 물리쳐야 한다고 외쳤지.

왜 동학농민혁명이라 이름 지었냐고? 동학교도들과 농민들이 힘을 합쳐서 혁명을 일으켰기 때문이야. 동학은 '동녘 동(東)', '학문 학(學)'으로 동쪽의 학문이라는 뜻인데 서양의 학문이라는 서학(西學)의 상대 개념이지. 19세기 중엽에 탐관오리의 수탈과 외세의 침입에 저항하여 최제우가 세상과 백성을 구제하려는 뜻으로 창시한 민족 종교이기도 해.

혁명은 '고칠 혁(革)', '목숨 명(命)'이야. 목숨 걸고 고치는 일이라는 뜻이지. 국가 기초, 사회 제도, 경제 제도, 조직 등을 근본적으로 고치는 일을 말한단다. 지금까지의 관습이나 제도 등을 깨뜨리고 새로운 것을 세우는 일을 말해.

동학의 핵심 사상은 인내천(人乃天)이야. 무슨 뜻이냐고? '사람(人)이 곧(乃) 하늘(天)'이라는 뜻이야. 모든 사람은 하늘처럼 떠받들어져야만 하는 귀중한 존재라는 말이란다.

한자 뜯어보기

| 동 | 東 | 동녘

- 동서고금(東西古今): 동양과 서양, 옛날과 지금. 모든 장소와 모든 시대. 서양 서(西), 옛 고(古), 지금 금(今)
- 동문서답(東問西答): 동쪽을 물으니 서쪽을 대답함. 물을 문(問), 대답할 답(答)
- 동도서기(東道西器): 동양의 도(道)는 지키고 서양의 기기(器機)는 받아들임. 사상 도(道), 기구 기(器)

| 학 | 學 | 배우다, 학문, 학교

- 학비(學費): 배우는 데 드는 비용. 비용 비(費)
- 학회(學會): 학술 연구를 목적으로 만든 단체. 모임 회(會)
- 사학(私學): 개인이나 법인이 설립하여 경영하는 학교. 개인 사(私)

생각해 보기

동학농민혁명에 있어서 이 사람을 빼놓고 이야기할 수는 없지. 키가 작아 녹두장군이라 불렸던 이 사람의 이름이 무엇일까?

① 최제우   ② 김구
③ 방정환   ④ 전봉준

그냥 갑오년에 일어난 개혁

첫째 갑(甲) 일곱째 오(午)
고칠 개(改) 고칠 혁(革)

갑오개혁
甲午改革

1894년 개화당이 집권한 이후에 그때까지의 문물제도를 버리고 진보적인 서양 문물을 본받아서 개혁을 시행하였는데 이를 갑오개혁이라 했어. 갑오년에 시작된 개혁이라는 의미야. 1894년이 갑오년이었거든. 예진에는 지금의 달력이 아닌 60갑자를 사용했기 때문에 역사적인 사건 앞에 해당 연도의 60갑자를 붙이는 게 자연스러웠어. '고칠 개(改)', '고칠 혁(革)'의 개혁은 새롭게 고치는 일이라는 의미란다.

갑오개혁으로 조선은 정치, 경제, 사회 문화 등 모든 면에서 근대적 개혁이 이루어졌어. 연좌제와 신분 제도를 없앴고, 과거제를 폐지하였으며, 모든 세금을 화폐로 내도록 했지. 연좌제가 뭐냐고? '인연 연(緣)', '무릎 꿇을 좌(坐)'로 인연 있는 사람(가족이나 친척)까지 무릎 꿇게 하는 제도야.

조선 사회를 근대적으로 탈바꿈하게 만든 갑오개혁이었지만 아쉬움이 있긴 해. 자주적 개혁이 아니라 일본의 압력으로 인한 개혁이었다는 것이 그것이야.

을미개혁(乙未改革)도 있어. 을미년(1895)에 실시되었기 때문에 을미개혁인데 단발령 시행
이 대표적인 내용이었지. 단발령은 '끊을 단(斷)', '머리털 발(髮)'로 그동안의 상투 풍속을 없
애고 머리를 짧게 깎도록 한 명령이었어.

| 갑 | 甲 | 빼어나다, 첫째, 60갑자, 거북의 등딱지

· 갑부(甲富): 빼어난 부자(富者). 부자 부(富)
· 회갑(回甲): 60갑자가 돌아옴. 만 60세의 생일(生日). 돌 회(回)
· 갑옷(甲옷): 거북이 등딱지처럼 단단한 옷.

| 오 | 午 | 일곱째 지지, 낮(12시)

· 임오군란(壬午軍亂): 임오년(1882)에 구식 군대의 군인들이 일으킨 변란. 어지러울 란(亂)
· 오후(午後): 낮(12시) 이후, 낮 열두 시부터 밤 열두 시까지. 뒤 후(後)
· 오찬(午餐): 잘 차려서 손님을 대접하는 점심 식사. 먹을 찬(餐)

생각해 보기

갑오개혁으로 '이 제도'가 없어졌어. 죄인의 가족이나 친척까지 처벌하는 제
도를 뭐라고 부를까?

① 연좌제　　　　　　② 신분제
③ 대동제　　　　　　④ 상피제

문서가 없던 시대

먼저 선(先) 기록된 문서 사(史)
때 시(時) 기간 대(代)

선사시대
先史時代

선사시대가 아주 오랜 옛날을 일컫는 말인 줄은 알겠는데 정확한 뜻은 모르겠다고? '선역사시대'에서 '역'이 빠진 말이야. 그리고 '선'은 '앞 선(先)'이지. 그러니까 선사시대란 역사시대보다 앞선 시대, 그러니까 역사시대보다 먼저 있었던 시대를 말해. 역사시대는 '지낼 역(歷)', '기록된 문서 사(史)'로 지나온 일을 기록한 문서가 있는 시대란다.

구석기시대와 신석기시대가 선사시대에 속해. 이때의 모습은 문자 기록이 없기에 현존하는 유물과 유적을 통하여 추정할 수 있을 뿐이야. 그 이후인 청동기시대와 철기시대에는 문자를 사용하였기 때문에 역사시대라 해. 이때부터는 유적이나 유물 외에 전해지는 기록을 참고하여 그 시대의 생활 모습을 알 수 있는 거란다.

여기서 '기'는 '기구 기(器)'야. 돌로 만든 기구이기에 '돌 석(石)'의 석기(石器)야. 오래된 석기이기에 '오랠 구(舊)'의 구석기(舊石器)이고 그보다 조금 발전된 새로운 석기이기에 '새로울 신(新)'의 신석기(新石器)란다. 구리를 사용하였기에 청동기(靑銅器)고 쇠를 사용하였기에 철기(鐵器)지.

기원전(紀元前) 37년에 동명왕이 고구려를 건국했다고 배웠지? 기원전이란 기원의 전(前)이란 뜻이야. 기원(紀元)이란 '해 기(紀)', '으뜸 원(元)'으로 해의 으뜸이 되는 때라는 뜻이지. 연대 계산의 기준이 되는 해를 말한단다. 예수가 태어난 해를 말해.

| 선 | 先 | 먼저, 앞, 조상

- 선입견(先入見): 먼저 들어온 견해, 직접 경험하지 않은 상태에서 미리 마음속에 굳어진 생각. 들어올 입(入), 견해 견(見)
- 선진(先進): 앞서 나감, 발전이나 진보의 정도가 다른 것보다 앞섬. 나아길 진(進)
- 선조(先祖): 앞선 조상, 한 민족에서 여러 대를 거슬러 올라가는 모든 위 세대. 조상 조(祖)

| 사 | 史 | 역사, 문장가

- 사극(史劇): 역사를 극으로 만듦, 역사적 사건이나 인물을 소재로 하여 꾸민 연극이나 희곡. 연극 극(劇)
- 과학사(科學史): 자연과학의 변천과 발달에 관한 역사. 조목 과(科)
- 가족사(家族史): 한 가족을 이루는 개개인이 겪어 온 일. 무리 족(族)

생각해 보기

다음 중 '기(器)'가 사용되지 <u>않은</u> 단어는 무엇일까?

① 석기   ② 무기
③ 악기   ④ 기술

널리 인간 세상을 이롭게 하다

널리 홍(弘) 유익할 익(益)
사람 인(人) 사이 간(間)

홍익인간
弘益人間

홍익인간은 고조선의 건국이념이면서 현재 우리 대한민국의 교육이념이기도 해. '넓을 홍(弘)', '유익할 익(益)'으로 널리 인간 세계를 유익하게 한다는 뜻 이란다. 단군신화에 기록되어 있지. 단군신화에는 선민사상도 나타나 있어. 선민사상이 뭐냐고? '가려 뽑을 선(選)', '백성 민(民)'으로 가려 뽑힌 백성, 그 러니까 선택받은 사람들이라는 뜻이야. 스스로 하늘의 자손이라고 믿는 사 상이지. 이스라엘 사람들이 느끼는 종교적이고 민족적인 우월감도 선민의식 인데, 하나님이 세상의 모든 백성 가운데 이스라엘 백성만을 특별하게 선택 했다고 믿는 의식이란다.

우리 민족 종교인 동학의 기본 교리가 인내천 사상이라고 했어. 홍익인간 사 상이 인내천 사상으로 이어진 것이라고 이해하면 좋을 것 같아. '사인여천(事 人如天)'도 동학의 사상인데 '섬길 사(事)', '사람 인(人)', '같을 여(如)', '하늘 천(天)'으로 사람 섬기는 일을 하늘 섬기는 것처럼 하라는 뜻이란다.

고조선이 제정일치 사회였다는 것 알지? '하나 일(一)', '도달할 치(致)'의 일치는 하나에 도달
했다는 뜻이야. 제정은 '제사 지낼 제(祭)', '정치 정(政)'으로 제사와 정치를 뜻해. 즉 제사와 정
치를 같은 사람이 한다는 의미로, 한 사람이 모든 권력을 가졌다는 사회였다는 얘기야.

-⌇⌇- 한자 뜯어보기

| 익 | 益 | 더하다, 이익

- 노익장(老益壯): 늙어갈수록 더욱 기력이 왕성해짐. 또는 그런 사람. 늙을 노(老), 씩씩할
  장(壯)
- 공익(公益): 공공의 이익, 사회 전체의 이익. 여러 공(公)
- 수익자(受益者): 이익을 얻는 사람. 받을 수(受), 사람 자(者)

| 간 | 間 | 사이, 틈, 때

- 간격(間隔): 시간적 혹은 공간적으로 벌어진 사이. 사이 뜰 격(隔)
- 간헐적(間歇的): 얼마 동안의 시간 간격을 두고 되풀이하여 일어나는 것. 쉴 헐(歇)
- 간첩(間諜): 단체나 국가의 비밀을 몰래 탐지, 수집하여 대립 관계에 놓인 단체나 국가에
  제공하는 사람. 염탐할 첩(諜)

생각해 보기

단군조선의 건국을 기리는 날은 개천절이야. 여기서 '개'의 한자가 무엇일까?
참고로 개천은 '하늘이 열리다'라는 뜻이야.

① 개(個)   ② 개(開)

③ 개(慨)   ④ 개(蓋)

서로 화해하고 조건 좀 보자

화해할 강(講) 화목할 화(和)
조목 조(條) 약속할 약(約)

강화조약
講和條約

'조약'은 '조목 조(條)', '약속할 약(約)'으로 조목을 세워 맺은 약속이라는 뜻인데 보통은 국가와 국가가 문서에 의해 명시적으로 맺은 합의를 말해. '강화'는 무슨 의미냐고? '화해할 강(講)', '화목할 화(和)'로 화해하고 화목함을 꾀한다는 뜻이야. 그러니까 강화조약이란 전쟁하던 두 나라가 싸움을 그치고 조약을 맺어 평화를 회복하는 일을 말하지. 평화조약이라고 이해하면 돼.

강화조약 앞에는 주로 조약이 맺어진 장소의 이름이 붙어. 파리 강화조약, 샌프란시스코 강화조약, 대일강화조약이라는 말 들어 봤지? 파리에서 맺어졌기에 파리 강화조약이고 샌프란시스코에서 맺어진 조약이기에 샌프란시스코 강화조약이야. 혹시 대일에서 맺어진 조약이라서 대일 강화조약이냐고? 그렇지 않아. '대일'은 '대할 대(對)', '일본 일(日)'로 일본을 상대로 맺은 강화조약이라는 뜻이야.

샌프란시스코 강화조약을 대일강화조약이라고도 해. 제2차 세계대전의 전쟁 상태를 종결하기 위하여 미국·영국 등 연합국이 일본과 맺은 평화조약이지. 일본을 반공주의에 편입시키기 위한 정치적 성격이 강했다고 볼 수 있지.

강화도조약은 강화조약과 달라. 강화도에서 일본과 맺은 조약이니까. 1876년에 군사력을 동원한 일본의 강압에 의해 맺어진 불평등 조약이었지. 병자년인 1876년에 맺어졌기에 병자수호조약이라고도 해.

✎⎺⎽ 한자 뜯어보기

| 강 | 講 | 화해하다, 강론(사리를 풀어 밝힘)하다

- 강구(講究): 대책이나 방안 등을 궁리하여 찾아냄. 궁리할 구(究)
- 강의(講義): 학문이나 기술 등을 체계적으로 설명하여 가르침. 뜻 의(義)
- 강화(講和): 두 편이 싸움을 그치고 평화로운 상태가 됨. 화평할 화(和)

| 화 | 和 | 화목하다, 화답하다, 섞다

- 공화국(共和國): 함께 화목한 나라, 주권이 국민에게 있는 나라. 함께 공(共)
- 가화만사성(家和萬事成): 집안이 화목하면 모든 일이 이루어짐. 모두 만(萬), 일 사(事), 이룰 성(成)
- 부화뇌동(附和雷同): 붙어서 화답해 주고 우렛소리 나는 곳을 함께 바라봄, 소신 없이 남의 의견을 맹목적으로 좇아 어울림. 붙을 부(附), 우레 뇌(雷), 같을 동(同)

생각해 보기

이번 꼭지에서 배운 다양한 한자들에 대한 설명 중 옳지 <u>않은</u> 것을 골라 봐.

① 조약의 약은 '약속할 약(約)'이다.
② '강(講)'에는 화해하다는 뜻과 함께 강론하다는 뜻도 있다.
③ 공화국의 공은 '장인 공(工)'이다.
④ '대할 대(對)' 뒤에 '일본 일(日)'이 붙으면 '일본을 상대하다'라는 뜻이 된다.

정말 노비였는지 조사할게요

사내종 노(奴) **여자종 비**(婢)
어루만질 안(按) **검사할 검**(檢) **법 법**(法)

노비안검법
奴婢按檢法

고려 시대 4대 왕인 광종이 노비안검법을 실시했다고 배웠지? 한자로 뜻을 살펴보자.

'노'는 '남자종 노(奴)'고 '비'는 '여자종 비(婢)'이니까 노비는 남자종과 여자종을 일컫는단다. 안검은 '어루만질 안(按)', '검사할 검(檢)'으로 어루만지면서 검사한다는 의미야. 어떤 사실을 자세하게 조사하여 살피는 일을 말하지. 그러니까 노비안검법은 종들을 한 명 한 명 조사해 원래 종이었는지 양민(평민)이었는지를 철저하게 가려내기 위해 만든 법이란다. 956년(광종 7년) 후삼국 시대의 혼란한 시기에 불법으로 노비가 된 사람을 조사하여 양민으로 해방시켜 준 법이야.

노비안검법을 통해 광종은 국가의 수입 기반을 확대할 수 있었어. 토지와 노비를 소유하여 경제적·군사적 힘을 가지고 왕권을 위협하던 호족들의 세력도 약화시킬 수 있었지. 호족이 누구냐고? '빼어날 호(豪)', '무리 족(族)'으로 빼어난 사람의 무리라는 뜻이야. 고려 시대에 부유하고 세력이 있는 집안을 일컬었던 말이었어.

노비안검법에 대한 호족의 반발이 격화되자 987년(성종 6년)에 노비환천법이 실시되었어. '돌아갈 환(還)', '천민 천(賤)'의 노비환천법은 노비를 다시 천민으로 돌아가도록 만든 법이야. 노비안검법으로 양민이 된 사람들이 옛 주인을 모욕하여 질서가 문란해졌다는 이유였다고 해.

᠊ᢏᢥ **한자 뜯어보기**

| 안 │ 按 │ 누르다, 어루만지다

- 안마(按摩): 누르고 문지르는 일. 문지를 마(摩)
- 안주(按酒): 술의 기운을 어루만지는 음식, 술에 곁들여 먹는 음식. 술 주(酒)
- 안무(按舞): 춤추는 일을 어루만져 줌. 춤출 무(舞)

| 검 │ 檢 │ 조사하다

- 검찰(檢察): 조사하고 살피는 일을 하는 기관. 살필 찰(察)
- 검색(檢索): 조사하기 위하여 찾음. 찾을 색(索)
- 부검(剖檢): 배를 갈라서 검사함. 자를 부(剖)

생각해 보기

다음 중 '빼어날 호(豪)'가 사용되지 <u>않은</u> 단어는 무엇일까? 뜻에서 유추해 봐.

① 영웅호걸
② 호화찬란
③ 호언장담
④ 호사다마

권력을 잡은 집안, 세력을 가진 무리

권력 권(權) 집안 문(門)
세력 세(勢) 무리 족(族)

권문세족
權門勢族

벼슬이 높고 권세가 있는 집안을 권문세족이라 한다는 것은 아는데 글자 그대로의 뜻을 알고 싶다고? '권력 권(權)', '집안 문(門)', '세력 세(勢)', '무리 족(族)'이야. 권력을 잡은 집안과 세력을 가진 무리라는 뜻이지.

고려 시대 때 무신 정권이 붕괴된 후 새로운 지배 세력으로 등장한 권문세족은 권력을 휘두르며 농장을 확대하고 양민을 노비로 삼는 등 사회 문제를 키웠어. 음서 제도를 이용해 관직을 독식하기도 했지. 음서는 '그늘 음(蔭)', '베풀 서(敍)'야. 그늘, 즉 남이 보지 않은 곳에서 벼슬을 베푼다는 의미지. 고려와 조선 시대에 공을 세운 신하나 높은 벼슬아치의 자제를 과거시험을 통하지 않고 관리로 채용하던 일을 말해.

고려 후기에 들어온 성리학을 수용한 신진사대부는 권문세족의 폐단을 비판했어. 신진사대부가 누구냐고? '새로울 신(新)', '움직일 진(進)', '선비 사(士)', '큰 대(大)', '사나이 부(夫)'야. 신진은 새롭게 움직이기 시작하였다는 의미고 사대부는 '사'와 '대부'를 함께 일컬은 말이야. '사'는 선비, '대부'는 벼슬아치를 가리킨단다.

양민과 양반은 전혀 다르단다. 양민은 '좋을 양(良)', '백성 민(民)'으로 좋은 백성이라는 뜻이야. 귀족과 천민 사이의 평범한 사람을 가리키지. 조선 시대 귀족인 양반은 '둘 양(兩)', '집단 반(班)'이야. 문반(文班)과 무반(武班) 둘을 아울러 일컬었던 말이었단다.

│권│權│ 권력, 권리

- 공권력(公權力): 공공기관이 행사하는 권력. 여러 공(公), 힘 력(力)
- 권위주의(權威主義): 권력과 위엄으로 다스리려는 행동. 위엄 위(威)
- 인권(人權): 사람으로서 가진 권리. 사람 인(人)

│문│門│ 문, 집안, 배움터

- 창문(窓門): 창으로 만든 문. 창 창(窓)
- 가문(家門): 가족 또는 가까운 피붙이로 이루어진 공동체. 집안 가(家)
- 명문(名門): 이름난 배움터, 유명한 집안 또는 유명한 학교. 이름날 명(名)

생각해 보기

예전 사료들을 살펴보면 권문세족을 가리켜 '권세지가'라고 썼어. 다음 중 권세지가의 올바른 한자가 무엇일까?

① 權勢之家
② 新進士大
③ 蔭敍制度
④ 權威主義

| 정 | 답 |

국어

설의법 ④ | 비유법 ③ | 문어체 ② | 시 ④ | 소설 ④ | 어간 ① | 원순모음 ②

자음동화 ④ | 어휘 ④ | 음운 축약 ① | 전지적 ① | 수필 ③ | 희곡 ①

우유체 ③ | 귀납법 ③ | 보조사 ④ | 상대적 ② | 반언어적 ④

수학

분수 ④ | 미지수 ③ | 소수 ④ | 무리수 ④ | 예각 ② | 수직선 ① | 집합 ④

이등변삼각형 ③ | 평행사변형 ② | 확률 ④ | 원주율 ④ | 최대공약수 ②

상수항 ② | 인수분해 ④ | 방정식 ① | 함수 ② | 통계 ② | 상대도수 ①

사회

여당 야당 ③ | 기간산업 ① | 여론 ④ | 경제 ④ | 감가상각 ④ | 선정성 ②

무역 ② | 피선거권 ② | 경상비 ③ | 사대주의 ③ | 일사부재리 ③

법치주의 ④ | 민족자결주의 ③ | 아열대 ① | 상소 ④ | 독과점 ④

봉건제 ① | 집행유예 ④

과학

적자생존 ② | 등가속도 ④ | 무화과 ② | 용불용설 ③ | 양서류 ③

만유인력 ③ | 가시광선 ③ | 정전기 ③ | 관성 ① | 항생제 ① | 역학조사 ③

동맥경화 ④ | 부영양화 ② | 열대저기압 ② | 일식 ① | 분지 ④

반도체 ② | 간척지 ④

국사

위정척사 ① | 상평창 ④ | 인해전술 ① | 정계비 ② | 포도청 ③ | 실사구시 ①

황국신민화 ① | 창씨개명 ③ | 시일야방성대곡 ③ | 탕평책 ④ | 대동법 ④

동학농민혁명 ④ | 갑오개혁 ① | 선사시대 ④ | 홍익인간 ② | 강화조약 ③

노비안검법 ④ | 권문세족 ①

중학생의 한자는 다르다

초판 1쇄 발행일 2023년 5월 25일
초판 4쇄 발행일 2025년 1월 2일

지은이 권승호
펴낸이 金昇芝
편집 김도영 노현주
디자인 디박스

펴낸곳 블루무스
출판등록 제2022-000085호
전화 070-4062-1908
팩스 02-6280-1908
주소 경기도 파주시 경의로 1114 에펠타워 406호
이메일 bluemoose_editor@naver.com
홈페이지 www.bluemoosebooks.co.kr
인스타그램 @bluemoose_books

ⓒ 권승호 2023
ISBN 979-11-91426-87-8 43700